萧伯纳

幽默与讽刺的语言大师

唐　容◎编著

中国社会出版社
国家一级出版社 · 全国百佳图书出版单位

写在前面的话

著名学者培根说："用伟大人物的事迹激励我们每个人，远胜于一切教育。"

的确，崇拜伟人、模仿英雄是每个人的天性，人们天生就是伟人的追星族。我们每个人在追星的过程中，带着崇敬与激情沿着伟人的成长轨迹，陶冶心灵，胸中便会油然升腾起一股发自心底的潜力，一股奋起追求的冲动，去寻找人生的标杆。那种潜移默化的无形力量，会激励我们向往崇高的人生境界，获得人生的成功。

浩浩历史千百载，滚滚红尘万古名。在我们人类历史发展的进程中，涌现出了许多可歌可泣、光芒万丈的人间精英。他们用挥毫的笔、超人的智慧、卓越的才能书写着世界历史，描绘着美好的未来，不断创造着人类历史的崭新篇章，不断推动着人类文明的进步和发展，为我们留下了许多宝贵的精神财富和物质财富。

这些伟大的人物，是人间的英杰，是我们人类的骄傲和自豪。我们不能忘记他们在那历史巅峰发出的洪亮的声音，应该让他们永垂青史，英名长存，永远纪念他们的丰功伟绩，永远作为我们的楷模，以使我们未来的时代拥有更多的出类拔萃者，以便开创和编织更加绚丽多姿的人间美景。

我们在追寻伟人的成长历程中会发现，虽然每一位人物的成长背景各不相同，但他们在一生中所表现出的辛勤奋斗和顽强拼搏精神，则是殊途同归的。这正如爱默生所说："伟大人物最明显的标志，就是他们拥有坚强的意志，不管环境怎样变化，他们的初衷与希望永远不会有丝毫的改变，他们永远会克服一切障碍，达到他们期望的目的。"同时，爱默生又说："所有伟大人物都是从艰苦中脱颖而出的。"

伟大人物的成长也具有其平凡性，关键是他们在做好思想准备进行人生不懈追求的过程中，从日常司空见惯的普通小事上，迸发出了生命的火花，化渺小为伟大，化平凡为神奇，

写在前面的话

获得灵感和启发，从而获得伟大的精神力量，去争取伟大成功的。这恰恰是我们每个人都要学习的地方。

正如学者吉田兼好所说："天下所有的伟大人物，起初都很幼稚而有严重的缺点，但他们遵守规则，重视规律，不自以为是，因此才成为一代名家，成为人们崇敬的偶像。"

为此，我们特别推出"世界名人非常之路"丛书，精选荟萃了古今中外各行各业具有代表性的名人，其中包括政治领袖、将帅英雄、思想大家、科学巨子、文坛泰斗、艺术巨匠、体坛健儿、企业精英、探险英雄、平凡伟人等，主要以他们的成长历程和人生发展为线索，尽量避免冗长的说教性叙述，而采用日常生活中富于启发性的小故事来传达他们成功的道理，尤其着重表现他们所处时代的生活特征和他们建功立业的艰难过程，以便使读者产生思想共鸣和受到启迪。

为了让读者很好地把握和学习这些名人，我们还增设了人物简介、经典故事、年谱和名言等相关内容，使本套丛书更具可读性、指向性和知识性。

为了更加形象地表现名人的发展历程，我们还根据人物的成长线索，适当配图，使之图文并茂，形式新颖，设计精美，非常适合读者阅读和收藏。

我们在编撰本套丛书时，为了体现内容的系统性和资料的翔实性，参考和借鉴了国内外的大量资料和许多版本，在此向所有辛勤付出的人们表示衷心谢意。但仍难免出现挂一漏万或错误疏忽，恳请读者批评指正，以利于我们修正。我们相信广大读者通过阅读这些世界名人的成长与成功故事，领略他们的人生追求与思想力量，一定会受到多方面的启迪和教益，进而更好地把握自我成长的关键，直至开创自己的成功人生！

萧伯纳

人物简介

名人简介

乔治·萧伯纳（George Bernard Shaw，1856～1950），爱尔兰剧作家。他出生于爱尔兰的首都都柏林一个小公务员家里。他的父亲是个没落贵族，母亲出身于高贵的乡绅世家，从小受过严格的教育。他的童年、青年时代是很不幸的。

13岁时，他就能用口哨吹出许多优秀歌剧的片段，由于家里太穷，15岁的萧伯纳不得不辍学。为了维持生活，他进入都柏林的汤森地产公司当学徒。1876年，他的父母离婚。萧伯纳告别了年迈的父亲，离开了贫困的故土爱尔兰，随母亲来到伦敦。

1892年，萧伯纳正式开始创作剧本，他的戏剧果真改变了19世纪末英国舞台的阴霾状况，他本人也成为了戏剧界的革新家，掀开了英国戏剧史的新一页。

1896年，萧伯纳结婚，婚姻改变了萧伯纳的一些生活习惯，唯一不变的是他对戏剧的热爱，他写出了《英国佬的另一个岛》《巴巴拉少校》《皮革多利翁》《伤心之家》《圣女贞德》等大量优秀的作品。

1925年，萧伯纳“因为作品具有理想主义和人道主义”而获诺贝尔文学奖，他把这笔约合8000英镑的奖金捐给了瑞典的穷作家们。

1950年11月2日，萧伯纳在赫特福德郡埃奥特圣劳伦斯寓所因病逝世，终年94岁。

成就与贡献

萧伯纳的戏剧最突出的特点是紧密结合现实政治斗争，敢于触及资本主义社会最本质的问题，把剥削阶级的丑恶嘴脸暴露在公众面前。在艺术手法上，他善于通过人物对话和思想感情交锋来表现性格冲突和主题思想。

萧伯纳的戏剧性语言尖锐泼辣，充满机智，妙语警句脱口而出。他的最著名的剧作有：《鳏夫的房产》《华伦夫人的职业》《武器与人》《真相毕露》等。其喜剧作品《卖花女》因被改编为音乐剧《窈窕淑女》，该音乐剧又被好莱坞改编为同名卖座电影而家喻户晓。20世纪30年代初，萧伯纳访问苏联和中国，与高尔基、鲁迅结下诚挚友谊。

地位与影响

萧伯纳是英国现代杰出的现实主义戏剧作家，是世界著名的擅长幽默与讽刺的语言大师。他毕生创造幽默，他的墓志铭虽只有一句话，但恰巧体现了他的风格："我早就知道无论我活多久，这种事情迟早总会发生的。"

萧伯纳杰出的戏剧创作活动，不仅使他获得了"20世纪的莫里哀"之称，而且因为他的作品具有理想主义和人道精神，其令人激励和讽刺的语言往往蕴涵着独特的诗意之美。

1884年他参加了"费边社"，主张用渐进的改良来改变资本主义制度，反对暴力革命。在艺术上，他接受易卜生影响，主张写社会问题，反对奥斯卡·王尔德的"为艺术而艺术"的唯美主义主张。

萧伯纳将自己划归于易卜生流派。他主张摒弃以尖锐情景和血淋淋的结局来构筑情节的旧式悲剧，坚决反对以巧合、误会和离奇的情节耗尽观众注意力的所谓"佳构剧"，提倡剧本的任务是引起观众的思考，情景必须是生活化的。

他曾明确提出，戏剧是"思想的工厂，良心的提示者，社会行为的说明人，驱逐绝望和沉闷的武器，歌颂人类上进的庙堂"。

目录

萧伯纳

寒门少年

初涉世事

闯荡伦敦

大剧作家

战争年代

暮年之路

附　录

寒门少年

我年轻时注意到，我每做10件事有9件不成功，于是我就10倍地去努力做下去。

——萧伯纳

出身没落贵族家庭

爱尔兰是一个 8 万多平方千米的岛国，这里景色宜人，四季如春：一望无际的草原上，点缀着迷人的石楠花；牧牛人躺在阳光灿烂的湖边悠闲地吹着口哨，而水鸟却在水光潋滟的湖面上翩然盘旋，得意地欣赏着自己漂亮的倒影。

1856 年 7 月 26 日的某个时间，爱尔兰首府都柏林响起了一声婴儿脱离母体的啼哭声，那个没落贵族出身，在法院做事的男人赶紧扔下了一直用力抓在手里的酒瓶，兴冲冲地奔了过来。他一眼就看出，被产妇抱在怀里的瘦弱婴孩，显然具有一种与常人不同的特殊品质。

这个男婴就是乔治·伯纳·萧，人们习惯上称他为萧伯纳。萧伯纳出生时，正值多灾多难、民不聊生的时期。

早在 12 世纪，英国殖民者的魔爪就伸进了自由的爱尔兰，于是，这块土地上接连不断地燃起了反抗的怒火。

19 世纪中叶，爱尔兰已经沦为英国殖民地，加上又遭遇特大自然灾害，饥饿与疾病迫使大量爱尔兰农民背井离乡，移居美国和加拿大；有的流入城市，变成一无所有的雇佣工人。

在 1841 年至 1891 年的半个世纪中，爱尔兰人口从 817 万锐减到 470 万。

萧伯纳的祖上是英格兰望菲菲伯爵的后裔，萧伯纳家移居爱尔兰之后，在都柏林很有声望。

但到了他父亲乔治·卡尔·萧，却已经家道中落，要想继续维持其贵族的体面，已经心有余而力不足了。

萧卡尔曾经当过法院的小官吏，收入微薄，仅够养家糊口而已。

后来法院裁员，他把领到的恩俸投资于一家面粉批发行，与人合伙做面粉批发生意。但由于经营不善，他们的日子一直过得很拮据。

爱尔兰人非常喜欢喝酒，这里到处都是酒馆。在都柏林，人口不到60万，但却有2000多家酒馆。外国游客到爱尔兰的饭店就餐时，如果想喝酒，无论多少，服务员都会笑容满面地送上餐桌；如果想喝水，那可要被笑掉大牙了，他们会彬彬有礼地告知："对不起先生，爱尔兰没有水。"而这时，邻桌上的爱尔兰人会禁不住哄然大笑，然后举一举手中斟得满满的酒杯，豪爽地喊着："干!"

后来，萧卡尔又买下了一家磨坊，刚开始生意还不错，后来生意就越来越差了。有一次，一个主顾不讲信用，弄得他的磨坊几乎破产。然而，萧卡尔是一个豁达开朗的人，与他那痛苦沮丧、默默哭泣的合伙人不同，在困境中他常常放声大笑。

萧卡尔40岁时，娶了叶露辛达·伊丽莎白为妻，妻子简称贝西。贝西是一个受过良好教育的贵妇人，她早年丧母，由姑母爱伦抚养成人。为了使贝西成为风雅的人，她那驼背的爱伦姑母希望她将来能成为名门贵妇。而且只有这种资格，贝西才有权利继承她的遗产。

爱伦姑母要求她挺直身子坐着，永远不高声说话，不学习什么有用的知识，不接触粗俗的生活现实，而且让她向著名的音乐家洛吉尔学习钢琴，由他讲授他那篇有名的论文《和声学》的原理，从小打下了良好的音乐知识的基础。

贝西生性倔强，她不但不接受专横跋扈的姑母严厉的管教，反而决定嫁给比她年龄大一倍、家道衰败的萧卡尔。

这一方面由于贝西的性格所致，另一方面也由于她长期不接触生活现实。当她的朋友知道之后，都劝贝西："你如果与萧卡尔结婚，简直就是毁了自己的一生。"

贝西不解地问："为什么?"

她们告诉她："那个男人喜欢喝酒。"

“你们为什么不早告诉我?”

“你从来没有问过我们啊！贝西。”

贝西立刻去找萧卡尔，她问他这件事是不是真的。

萧卡尔问：“什么事是真的?”

“就是说你喝酒。”

萧卡尔愤怒地嚷起来：“喝酒吗？哼，我是个终生顽固不化的绝对戒酒者呢!”

他说得那么自信，贝西相信了他，于是他们结婚了。

贝西的姑母一气之下，威胁贝西说：“如果你胆敢嫁给那个不争气的萧家子弟，你和你将来的孩子别想得到我一丁点儿家产!”

此时，贝西也因为父亲续弦的事，与父亲发生了冲突，父亲气愤之下，也想要剥夺女儿的财产继承权。最后在律师的调解下，父女之间达成妥协：如果贝西有子女的话，在其长大成人的时候，可以得到5000 英镑的遗产，但贝西自己终生不能动用这笔财产。

婚后，贝西才发现这个有点眼斜、温和幽默的丈夫是个酒鬼。

那是他们到利物浦去度蜜月时，他的一些行动引起了她的怀疑和恐慌。有一天，她打开食橱，发现橱里堆满了空酒瓶。

贝西在极度失望下，把自己的精力都投入到音乐中去了。

萧伯纳是他们唯一的儿子，在他之前，父母结婚 4 年来还为他生了两个姐姐。

从小非常讨厌饮酒

生活的不如意，使萧卡尔心情沮丧，他只好从酒精中寻求麻醉，而一次次的酗酒，又使他陷入更加颓废的境地。

萧伯纳从小就痛恨笼罩在家中的这种不愉快气氛。他经常抿着小嘴，注视着母亲皱着眉头无可奈何地叹气，幼小的心灵里充满了对酒的厌恶与仇恨。

这个酒鬼父亲当初虽然并没有看错萧伯纳，却没有能力为自己的孩子健康成长创造一个良好的家庭环境，以至于萧伯纳从小就培养起了反叛社会的倔强性格。

为了躲避吵吵嚷嚷的不和睦家庭生活氛围，求得一些清静，萧伯纳在能歌善舞的母亲影响下，将童年以及少年时期的大部分精力花费在了音乐、绘画和阅读文学作品上，努力沉浸其中，以便忘掉内心深处弥漫的那股永远挥之不去的、因痛恨父亲的无能转而仇视社会的糟糕情绪，并常常信心满怀地认为自己是一个与众不同、绝顶聪明的孩子。

有一天，萧伯纳在一个小酒馆里找到父亲，他拉着父亲的手一起回家。萧卡尔穿着笨重的长筒靴，深一脚浅一脚地走着，好几次都差点踩到儿子的脚上，萧伯纳只好小心地躲着父亲的大脚。

而萧卡尔这时已经沉浸在酒精的麻醉中了，他一边自得其乐地吹着口哨，一边不时地与路上遇到的人打招呼。

有人问："嗨！萧，你今天没去酒馆吗？"

他回答："哼！我才不去那种地方呢！"

萧伯纳闻着父亲身上散发出来的酒气，又看到大家都用讥讽和不屑的眼神看着自己的父亲，自尊心受到了严重的伤害，眼睛慢慢被泪水模糊了，但他依旧紧咬嘴唇，高昂着头。

只有半个小时的路程，但萧伯纳却像走了一个世纪一样漫长。

终于，父子俩回到了家里。萧卡尔脚步踉跄地回卧室去了。

萧伯纳悄悄来到客厅，看到母亲坐在椅子上，长长的裙子拖到地板上，像个高贵的女神。酷爱音乐的贝西，正面带微笑在翻看一本贴了很多歌剧家照片的大相册。

只有沉迷在音乐的世界里，贝西才会暂时忘记现实生活中的种种烦恼。

萧伯纳脑子里还装着一路上遇到的种种难堪的场景，他想从母亲那里证实一下：父亲究竟是一个受人尊敬的绅士还是一个酒鬼？

萧伯纳小心翼翼地问母亲："妈妈，爸爸喝醉了吧？"

萧伯纳希望母亲的答案是否定的，而且他甚至希望，母亲能狠狠地指责他胡说八道。那样，就能证实父亲不是酒鬼。

但是他看到，母亲的双眉一下子皱了起来，把一页照片"啪"地翻了过去。但随即，她又愁苦地看了萧伯纳一眼，叹了口气说："他什么时候不喝醉呢？"

顿时，萧伯纳的心里像被插入了一把冰凉的匕首，他呆立在那里，紧紧地咬着嘴唇，好久都没有出声。

从那一刻，萧伯纳在心里暗暗发誓："我一辈子都不喝酒！"

有一次，母亲带着萧伯纳到他的爱伦姑婆那里去看她，希望这个男继承人能够博得她的欢心。

一大早，贝西就吩咐女仆威廉士说："给乔治穿上礼服，我今天带他去见他姑婆。"

威廉士是一个胖胖的老太太，她非常喜欢萧伯纳。她走进萧伯纳的卧室，他睡得正香呢！老人慈爱地摇了摇头，艰难地弯下她肥胖的身子，伏在萧伯纳耳边轻声叫道："乔治，起床了。今天妈妈要带你去做客呀！”

萧伯纳一下就醒过来了，他睁大眼睛问：“真的？”

“瞧啊！乔治，礼服都给你准备好了。快起来吧！”

“要到谁家去？”

“去你那个有钱的姑婆家呀！”

萧伯纳扎上了漂亮的小领结，穿上了合体的小礼服。威廉士看着他转来转去地自我欣赏，眼里也充满了疼爱。她拿起梳子，为萧伯纳仔细地梳理好头发，然后把他的小皮鞋擦得锃亮，这才把他领到客厅。

这时，萧卡尔正匆匆地从外面走进来：“快点，好了没有？马车来了。”

因为萧卡尔经常喝酒，所以亲戚们很少邀请他去做客，免得他喝醉后出洋相，弄得大家不欢而散。这次，贝西只是自己带萧伯纳去，当然也没有这个酒鬼的份。

贝西牵着萧伯纳的手，一起走到院门外，等母子俩坐上马车，车夫一扬马鞭，两轮马车就轻快地飞奔起来。

萧伯纳坐在马车里，又兴奋又新鲜，他看着原来一直讥讽父亲的那些人，脸上满是得意：“我要到姑婆家去做客喽！”

贝西却脸上满是忧虑，她把萧伯纳揽过来，伸手把他的领结摆正，并庄重地叮嘱儿子：“乔治，到了姑婆家要乖，不要乱说话。姑婆年纪大了，喜欢安静。”

萧伯纳紧张地问：“姑婆长得什么样？她会不会对我很凶？”

萧伯纳从小就目睹了英国资本家和爱尔兰地主从饥饿的农民那里夺走最后一口粮食的贪婪、凶残。这使他一方面痛恨贫困，但又因此而变得胆怯。

曾经有一次，他用一种天生讲故事者的轻狂，向一群男孩子吹嘘他的胆量和勇猛。当一个年长些的大胆孩子吓唬他时，萧伯纳夸口说："我要把你活活打死在我的脚下。"但面对这可怕的死亡恫吓，那个孩子却面无惧色，结果萧伯纳惊慌失措，很不光彩地逃之夭夭了。

马车停在一座漂亮的庄园前。贝西牵着萧伯纳的手，走下马车，指着庄园对儿子说："你看，这就是姑婆的家。"

萧伯纳惊讶地张大嘴巴："妈妈，这座庄园好大、好气派哦！您就是在这儿长大的是吧？"

家里的仆人走出门来迎接："小姐回来啦！"

贝西冲他们微笑着点了点头，领着萧伯纳走到庄园里。

萧伯纳一下子就被庄园的景色吸引住了：庄园里有参天的大树，绿茵茵的草地，争奇斗艳的花儿，鸟儿鸣唱着飞来飞去。

他恨不得马上挣脱母亲的手，到那草地上去撒个欢儿，去看看花瓣上有没有露珠，再去追逐那唱歌的鸟儿。

母子俩走进客厅，客厅里很阴暗，萧伯纳睁大了眼睛张望，却并没有见到姑婆的身影。

他心里正纳闷，一位60多岁的老太太走了出来，她淡淡地问道："你们来了。"

贝西赶紧恭敬地回答姑母："姑妈，我带小乔治来看望您老人家了。"说着把萧伯纳推到身前："快喊姑婆！"

萧伯纳在一路上都在准备着，这时，他清脆响亮地问候着："姑婆好！"

萧伯纳其实很喜欢那个奇怪的驼着背但面孔洁净的姑婆。他悄悄地打量着她，只见老人面容沉静，衣着讲究而整洁，透着一股高贵

典雅。

只是这是单方面的喜欢，爱伦姑婆一直对他的家庭没有好感，因此她看也没看萧伯纳，而是走到椅子前坐下，威严地说：“贝西，你也坐吧！”

然后，爱伦姑婆这才盯了萧伯纳一眼，萧伯纳感觉，那目光就像一把明亮的利刃，吓得他往母亲身上靠了靠。

“贝西，过得还好吧？”

“姑妈，确切地说，情况不太好。”

“哼！当年你不听我的话，非要嫁给那个姓萧的。他除了喝酒，还会干什么？我还是那句话，你和你的孩子休想从我这里拿到一点儿财产。”

贝西再也坐不住了，她脸色苍白，起身向姑母告辞：“姑妈，我们这就回去了。”

这时，爱伦姑婆却指着萧伯纳说：“贝西，看你教育的孩子！低着头，弓着腰，跟他父亲一个德性，也是个酒鬼败家的模样。”

萧伯纳无故受到这种指责，他一双眼睛怒视着姑婆：“我发过誓，一辈子也不会沾酒的！”

贝西赶忙拉着他的手冲出了庄园。

贝西本来希望，儿子聪明伶俐，又是男性继承人，可能会讨得姑母的欢心，打破她们之间的僵局，收回当初的誓言，恢复她的遗产继承权。谁知道，姑母竟然把对萧卡尔的气都转嫁到了儿子身上。

不过，当姑婆去世时，年幼的萧伯纳仍然跑到花园里，伤心地痛哭。他知道，姑婆第一次与他见面时就对他发火，这完全是罪恶的酒惹的祸。

崇拜魔鬼喜欢嘲弄

爱尔兰人语言朴素，富于幽默感。当萧伯纳出生在那个“山雨欲来风满楼”的大饥荒年代时，人们常常说：“空话不值钱，面包要钱买。”在爱尔兰人看来，口才是一个人教养的基本条件。

在南部城市科克的西部，有一座历史悠久的布拉尼城堡，每年，不少爱尔兰少年攀上它高高的城墙，亲吻城石，据传说，谁要是吻了这里的“巧言石”，立刻就可以变成口若悬河的雄辩家。

正是这种氛围，哺育了欧洲文坛上数代风流人物，如剧作家王尔德、著名诗人叶芝、著名侦探小说家柯南道尔等。

萧卡尔是一个新教徒，但是并不虔诚。贝西饱尝过宗教教育的痛苦，因此对子女也不过分苛求。在萧伯纳 10 岁的时候，他们家就废止了祈祷。

当时，萧伯纳的父亲一天天泡在酒缸里，母亲由于沉迷音乐，没有人真正地关心他、疼爱他，他渐渐地习惯于自己一个人无边无际地幻想。

在幻想中，萧伯纳把自己塑造成一个无所不能的神奇人。他不崇拜任何人，文雅而又倔强地抗拒着一切他不喜欢的事情。慢慢地这种性格也表现在日常生活中，家里人常常被他这种固执的态度弄得毫无办法。

在萧伯纳幼小的心灵里，耶稣基督的地位还不如歌德名著《浮士德》中的魔鬼莫菲斯托。

萧伯纳从 6 岁时，就已经认得很多字了，他能轻松地读《莎士比亚全集》和歌德的《浮士德》了。

当萧伯纳读完《浮士德》以后，他终于发现，莫菲斯托是一个值得崇拜的人，他非常聪明，时常嘲笑人类；他无所不能，既可以回到过去，和已经去世的人交谈，又可以预见未来。

萧伯纳眼中的莫菲斯托，已经不是魔鬼，而是一个英雄，一个胆大倔强、神通广大的英雄。

他从心底里爱上了这个魔鬼。他常常幻想着："如果能和莫菲斯托交个朋友该多好！让他教我一身本领，让家人过上幸福快乐的生活。让那些傲慢的富人再也不敢随便欺负穷人。"

萧伯纳从小喜欢画画，他用自己画的这个魔鬼的肖像装饰他卧室的墙壁：莫菲斯托脸上是冷冷的讥讽嘲弄的表情，眼睛不屑地瞪着，满脸乱蓬蓬的红胡子。

在他幼稚的想象中，这个胆子奇大，敢于反抗的魔鬼，一定有一脸浓密和乱糟糟的红胡子，这样才会显得威严、桀骜不驯和与众不同。他多么希望自己能够变成这个无所不能的魔鬼啊！但是，他的小脸白白净净的，根本长不出这样的红胡子。

有一次，萧伯纳听别人说，在下巴上涂上花生油，就能很快长出胡子来，于是他就偷偷地试了试，结果弄得满脸都是油污，却没有长出一根胡子。

这时萧伯纳又产生了一个奇异的念头："如果让爸爸留上大胡子，也许他会变成莫菲斯托那样无所不能的。"

于是，他就去游说父亲："爸爸，你为什么不留一把威严的大胡子呢？"

萧卡尔不知道儿子的小脑袋瓜子在想什么，他奇怪地盯着儿子："为什么要让爸爸留胡子呢？"

这时萧伯纳心里突然灵光一闪："您留胡子肯定好看，肯定比现在这样又英俊又威武。"

已经快50岁的萧卡尔听了儿子的话，也不由得动了心："好，就

听我儿子的，爸爸就留给你看，看我到底有多英俊、多威武。”

萧伯纳高兴地搂着父亲的脖子。

从那时起，萧伯纳每天都关注着父亲下巴的变化。他盼望着父亲能长出莫菲斯托的蓬乱的大红胡子，但结果却不容乐观：父亲的胡子只是那么一缕，与自己的想象相差太远了！

于是，萧伯纳把父亲塑造成偶像的目的彻底破灭，他决定自己去找那个魔鬼。

每当夜深人静，窗外一团漆黑的时候，萧伯纳就会吹灭桌上的蜡烛，急急地钻进被窝里，因为他曾经问过大人们，大人们告诉过他：“每当伸手不见五指的深夜，魔鬼就会出现！”

萧伯纳睁大一双渴望的眼睛，盯着黑洞洞的窗口，连大气都不敢喘，心里虔诚地祈祷：“尊敬的莫菲斯托呀！您快来吧！我已经诚心诚意地等了您 5 个晚上了！”

他等啊等啊！直等得上眼皮和下眼皮打架，而那个高大、凶狠、乌黑的脸上长满蓬乱的红胡子的魔鬼也没有从窗子飞进来。

清晨，威廉士老太太喊萧伯纳起床：“乔治，太阳都晒着屁股了，该起床了！”

但是，萧伯纳已经连熬了 6 个晚上，他实在是困坏了，他翻了个身，仍然呼呼大睡。当然，萧伯纳终究也没有见到他的偶像。

长此以往，萧伯纳养成了倔强而又敢于发表见解的个性。他经常在父亲面前口出妙语，发表轻蔑《圣经》的言论。

这让父亲又惊又喜，笑着夸奖他评得不错，并以此感到骄傲，因为这是他遗传给儿子唯一的“嘲弄本领”的具体表现。

接受良好音乐熏陶

萧伯纳从一降生，全家就住在一间小屋里，后来，萧卡尔租了哈奇街 1 号一所较为体面的房子，但是，他付不起昂贵的房租。于是，就与一位研究音乐理论的朋友范德勒尔·李合租了这幢房子。李的身体上也有重大的缺陷，他小时曾从楼上摔下来，结果摔残了腿，弄得一条腿长一条腿短。

从此，他们就生活在一起，贝西也有音乐方面的爱好和才能，她和范德勒尔·李一起研究音乐。李说："贝西，你有一副单调、清纯、甜润的好嗓子。"

贝西好奇地问："你对嗓音发声也有研究？"

李微笑着说："虽然我一直以教授音乐为职业，但同时我也是一位颇有成就的生理学家，我解剖过喉咙，准确了解了喉头的构造。我注意到一个年届 80 岁而声音还非常完好无损的意大利歌剧男中音歌手巴迪亚利，于是根据这些学识改进了唱歌的技术。"

贝西笑着说："这种技术在我们家就叫作'发声法'吧！"

萧伯纳的母亲和姐姐在李的辅导下学习音乐，并取得了很大的进步。

李是一个知名度很高的第一小提琴手，还是一个管弦乐队的首席指挥。李于是聘请贝西担任乐团的女中音。家里不断地在排练音乐杰作：李担任领唱和指挥，萧卡尔和贝西分别用小号和钢琴伴奏，萧伯纳的姐姐露西担任女歌手。

童年的萧伯纳也在这样的环境熏陶下，强烈地爱上了音乐。而李也很欣赏萧伯纳思维敏捷，想法新奇。每当一家人进行排练的时候，萧伯纳就用口哨吹着许多熟悉的音乐。虽然他还不知道歌剧是什么东西，但他能用口哨吹出许多歌剧的音乐。在他还不到 12 岁时，就能够用口哨吹出很多歌剧杰作的音乐，并且从前奏曲吹到终曲。

有时候，大人们都不在家，姐姐就在萧伯纳的怂恿下，模仿大人的样子排练歌剧。而这时，萧伯纳就一会儿钢琴伴奏，一会儿用口哨伴唱，一会儿挥着指挥棒，过足了“两个人的多人乐队”的瘾。

有一天，贝西给萧伯纳穿上小礼服，把他打扮得漂亮而神气。萧伯纳问：“妈妈，你要带我去哪儿？我可不去姑婆家了。”

贝西笑着说：“今天带你去听歌剧。”

萧伯纳高兴得跳了起来，他虽然能用口哨吹全套的歌剧音乐了，也经常看妈妈他们排练，但还一次也没进过歌剧院呢！

萧伯纳跟着家人，走进了富丽堂皇的歌剧院。他睁大亮晶晶的眼睛，好奇地张望着：金色的包厢里坐满了穿晚礼服的人们，神情和妈妈相册里的歌唱家一样。

萧伯纳惊奇地问：“妈妈，怎么这么多演员哪？”

贝西没有回答他，只是把他带到了前排坐下。萧伯纳更奇怪了：“怎么会让我背对着演员？”

这时，面前的天鹅绒大幕缓缓地拉开了，萧伯纳眼前呈现出阔大的舞台，乐池里的乐队奏起了他熟悉的曲子。萧伯纳好奇地回过头去，发现那些矜持的“演员”们，正聚精会神地盯着舞台呢！这时他才明白：“原来他们也只是观众。”

萧伯纳天生就迷恋艺术，他读过好多文学名著，喜欢音乐，痴迷绘画。而且由于他生性倔强，对什么只要喜欢，都不会浅尝辄止，非要学会不可。

这时，他又强烈地喜欢上了歌剧，他把妈妈给的零花钱攒起来，买戏票自己到剧院去看戏。

时间一长，检票员注意到了这个机灵秀气的小男孩。这天，他又买了戏票，踮着脚尖举起来给检票员。检票员跟他打招呼：“嗨，你好！你又来了？”

萧伯纳吃了一惊，他急忙回答：“先生，您好！”

检票员蛮有兴致地问他：“你能看得懂吗？”

萧伯纳一听，自豪地回答道：“当然看得懂了，我还能把全套的曲子用口哨吹下来呢！”

检票员更惊奇了：“真的？你太了不起了！以后你再来看戏，和我打个招呼就行了，不用再买票了。”

萧伯纳喜出望外：“先生，真是太感谢您啦！”

自此，萧伯纳不但能白看戏，而且还能接触到舞台剧的演员。他在大量欣赏歌剧的同时，也渐渐地感悟到了歌剧中的无穷奥妙：从音乐的演奏到演员的歌唱和独白；从戏剧冲突如何一步步地激烈、高涨到突然达到高潮，再戛然而止；一些感情表达如何通过演员的举手投足体现出来。

有时候，萧伯纳就会对看到的不合理的地方提出异议，他有一次和姐姐讨论说：“那个扮演被丈夫抛弃的妇女，总是捂着脸跑到后台去。我觉得，她应该义正词严地把她的‘丈夫’赶下台去才对！”

姐姐笑他小题大做：“人家演人家的，你只管看着就行了，难道要让人家按你说的演才是对的？”

萧伯纳据理力争：“戏都是人编出来的，为什么不能按我的改？就连莎士比亚的剧本，也有很多不合理的地方！”

姐姐笑了：“那好啊！我就等着看你写出比莎士比亚更伟大的剧本来。”

喜欢故事生性豁达

夏日的都柏林异常幽静，浓密的森林散发着清凉的气息。萧伯纳倚在窗口，望着不远处基林尼湾的景致，风儿吹在脸上，爽爽的，他分明感到了融入海水中的那份舒畅和无忧无虑。

“舅舅怎么还不来呢？他上次讲的故事结尾到底是怎么样的？”

小时候，对萧伯纳影响较大的另一个人物，就是他的舅舅瓦尔特。在萧伯纳眼中，舅舅是一个传奇式的人物。他在一艘远洋轮船上当外科医生，走南闯北，了解很多故事，可以说，从英国的皇家秘闻到海底稀奇古怪的生物，他无所不知。

舅舅的性格和海员们一样豪爽、勇敢、放荡不羁而又机智幽默。他到过很多国家，有好多次都差点葬身在大海的风暴之中。

舅舅经常带萧伯纳出去长途散步，给他讲欧洲文艺复兴时期重要的人文主义作家之一拉伯雷式的故事。而萧伯纳也常常提出不同见解，两个人就激烈地讨论起来。这时的萧伯纳好像不是一个孩子，而是他船上的高级船员。

每当笑呵呵的瓦尔特出现在萧伯纳家的客厅里，萧伯纳就会高兴地跳着扑到舅舅怀里，把身子吊在他的脖子上，不停地喊着：“舅舅，快给我接着讲故事！”

瓦尔特开心地刮刮他的小鼻子：“好！上次说到章鱼大战巨鲸了，不知道两个谁胜谁负。”

原来，舅舅喜欢卖关子，每当讲到扣人心弦的地方，他总要给萧伯纳留下一个“且听下回分解”的手段。

有时，萧伯纳等得太久了，他就自己幻想着给故事续个结尾。时间久了，他编故事的能力大大地提高了。

瓦尔特舅舅使萧伯纳领悟了语言的魅力，在潜移默化中教会了他如何将一个故事讲得跌宕起伏，让人百听不厌。而且，舅舅还开阔了萧伯纳的视野，给萧伯纳展示了一个都柏林之外的广阔世界！

这天早上，萧伯纳听到威廉士老太太和洗衣工爱玛在悄声对话："爱玛，你听说了没有？先生的面粉批发行可能要倒闭了。"

"听说了，这两天我发现夫人不时唉声叹气，愁眉苦脸的。"

已经慢慢懂事的萧伯纳，日益明白了生活的艰难。他也理解了父亲有时的借酒浇愁："日子难成这样，其实也并不全是爸爸醉酒造成的。街上好多人家的叔叔伯伯都不酗酒，但他们家不照样也过得很苦吗？"

但是，这并不能减少萧伯纳对酒的憎恨。他坐在楼上，正在遐想着："现在爸爸该不会又去喝酒了吧？"

突然，萧伯纳听到有人上楼的脚步声。他回过头来，发现父亲正用一双有些斜视的眼睛，笑眯眯地望着他。

虽然生意每况愈下，萧卡尔能带回家的钱一天比一天少，但他生性乐观豁达，他才不会因为自己收入微薄而像英国卫戍士兵那样板着严峻的脸孔呢。

萧卡尔那明朗的微笑很有感染力。萧伯纳心中的忧虑，在父亲开朗的笑容里顿时化为乌有，原来的担心和失望都被父亲的微笑击碎了。

萧伯纳不由心里轻松起来："爸爸，我们该去游泳了。"

游泳是父子俩每个夏日除了散步之外的第二项共同体育爱好。

萧卡尔庄严下令："那还不去换衣服！"

萧伯纳飞奔进卧室。不到 3 分钟，一个穿着运动装的精干的小男孩出现在萧卡尔面前。他满意地点点头："好，出发！"

随着年龄的增长，萧伯纳对父亲越来越理解了：对生活的沮丧，对自己无力使家人过上体面排场生活的内疚，使父亲只能逃避在酒精的麻醉中。

萧伯纳只有十一二岁，他没有能力彻底改变这一切，他只有想办法使父亲放松一下。

“爸爸，咱们俩看谁能先跑到海湾。”

萧卡尔愉快地接受了儿子的挑战：“好啊！”

“我来发令：预备，跑！”

萧伯纳“跑”字还没出口，人就已经跑出去了。萧卡尔愣了一下，这才赶紧追了上去。

萧伯纳不敢回头看父亲离他还有多远，他只有拼命地向前跑，父子俩一前一后冲向海湾：40 米，30 米，20 米，萧伯纳收不住脚，差一点就栽进水里去了。

这时，身后伸出一双有力的大手，把他一把抱了起来。气喘吁吁的萧伯纳被重新放到地上，他回过头来，看着气不长出的父亲，原来刚才父亲故意让着他呢！

“下水喽，冲啊！”

父子俩脱掉外衣，纵情跃入水中，自由自在地在水中游着，像两只戏水的海豚一样。

萧伯纳想起，父亲第一次把他的头按在水下让他学憋气，最后，他感到自己都快被淹死了，一连喝了好几口水，父亲才又把他放开，然后再让他入水练习，反复多次，萧伯纳终于学会了在水下憋气。

两个人游了两个来回，然后躺在沙滩上休息。

萧卡尔两手托着后脑，望着海面，思绪悠然地说：“游泳有时会给我们做英雄的机会。”

萧伯纳两眼看着天上变幻莫测的浮云，随口问道：“是吗？”

“是啊，我 10 岁的时候，就救过你六伯伯的命。”

萧伯纳一下坐了起来：“真的？！”

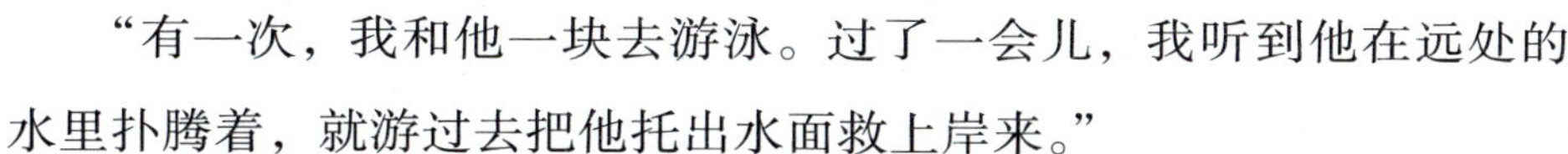

“有一次，我和他一块去游泳。过了一会儿，我听到他在远处的水里扑腾着，就游过去把他托出水面救上岸来。”

萧伯纳敬畏地赞道：“您真了不起！”

萧卡尔笑着站起身来，一边抖着身上的沙子，一边看着儿子说：“现在你六伯伯成了富人了，理都不理我这个救命恩人了。老实说，我一生从来没有遇到比这更让我后悔的事情啦！”

萧伯纳被父亲这种“倒高潮”的幽默逗得大笑起来。父子俩笑着又跳进水里。

萧卡尔尽管有很多的缺点，安贫知命，不思进取，但他的幽默风趣、开朗豁达却无时不影响着儿子。

萧伯纳由于对“醉鬼”的恶劣印象，他不崇拜父亲，但他确实爱他，父子俩就像一对朋友一样。

涉猎广泛酷爱绘画

萧伯纳与父亲游泳之后，两人结伴回家。萧伯纳顽皮地歪过头，看了一眼昂首阔步，保持着绅士气质的父亲。他突然严肃地对父亲说："爸爸，咱们下礼拜去教堂吧！"

萧卡尔不由愣了一下："这个小家伙7岁就开始嘲笑《圣经》，从9岁起就不再进教堂礼拜了。不对，怎么今天又敬畏起上帝了？"

但是，萧卡尔还是为儿子没有走上愤世嫉俗的道路而欣慰："你总算不再崇拜那个魔鬼了！好吧！礼拜天咱们一起到教堂去。"

萧伯纳却调皮地一字一顿地说："唉！我只是想去看看教堂那些漂亮的油画。"

萧卡尔这才醒悟，自己中了儿子的计了，他拍了拍萧伯纳的小脑袋，哈哈大笑起来。

萧伯纳爱好广泛，在喜欢音乐、文学的同时，也酷爱绘画。他卧室的墙壁上，贴满了自己画的水彩画。

音乐家李向他介绍大画家米开朗基罗和伦勃朗等，并常常给他讲达·芬奇画蛋的故事，这激发了萧伯纳学习绘画的热情，也使他的艺术天赋得到充分的开发。从那时起，萧伯纳画画简直着了迷，他见到什么就画什么，想到什么就画什么：海湾、小船、树木、魔鬼、人物、教堂等。

有一天，李穿上礼服找到萧伯纳，对他说："乔治，今天叔叔带你去见见世面，我们去都柏林美术馆，让你见识一下真正的艺术！"

萧伯纳喜出望外："太好了！"

美术馆里的人并不多。但萧伯纳太矮了，李给他介绍那些大师们

的作品，他只好使劲仰着头观看。

最后，李把萧伯纳扛在肩膀上讲解：“注意这幅画的线条，它们自然奔放，无拘无束，体现了一种动态的美感。”

萧伯纳被这些艺术精品深深地吸引住了，他无法说明这些画为什么会如此生动，只是强烈地体会到一种冲动和向往：“总有一天，我也要把自己的作品摆放在这个艺术殿堂里。”

萧伯纳的艺术修养和鉴赏能力迅速地提高着。有时，他甚至不用看说明注释，就能认出美术馆里的所有作品。他有时会自己到美术馆去看展览，一待就是大半天，心灵得到艺术的沉淀和升华。

有很多时候，美术馆里除了管理员就只有小小的萧伯纳在那里边看边琢磨，漫游于艺术的长廊中。

家里人看到萧伯纳如此痴迷绘画，就把他送进了都柏林皇家学会的艺术学校学习。但是，萧伯纳令学校的老师很失望，因为他画的作品，老师都看不明白。有时老师让学生们画一盆花，别的学生都会画得姹紫嫣红、婀娜多姿，但萧伯纳的画布上却是一块块稀奇古怪的色彩，根本连线条都看不清。

因为萧伯纳看过的名画太多了，他的鉴赏力已经远远超出了他的年龄。他所知的绘画理论已经自成一种系统，所以无法按照初学者的幼稚理论再来循序渐进。

老师最后完全终止了对萧伯纳的绘画教育，他也只好收起画笔，打消了当画家的念头。

除了自己画画，萧伯纳并没有多少机会与小伙伴们一起玩耍。不但是他，包括他的两个姐姐，都由于父亲这个酒鬼的原因，不但没有人愿意邀请他们去做客，而且也同时失去了与上层社会的子女交往的机会。在都柏林，他们姐弟三个几乎是与社交圈子绝缘了。

萧伯纳毕竟是一个十来岁的孩子，他强烈地渴望与小伙伴们能一起疯跑，一起打闹，一起去探索这个多彩的世界。没有伙伴的少年生活会让人寂寞得要疯掉。

在萧伯纳进入教会学校的时候，他和心灵手巧、聪明勇敢的少年约翰成了好朋友。约翰是一个铁器店老板的儿子，萧伯纳经常到他家里去玩。

有一天，萧伯纳又连蹦带跳地跑到铁器店去找约翰玩，老远就听到屋里传出“叮叮当当”的清脆铁器声。

萧伯纳悄悄地推开门向里看约翰在不在家，突然听到约翰冲他大喝一声：“嗨！乔治！”他吓了一跳，然后却看到约翰在对他做鬼脸。

萧伯纳正诧异时，约翰却对他笑了：“你带什么好东西来了？”

萧伯纳举起手里的一块方木块向约翰扬了扬：“接着！”

小约翰稳稳地接在手中，他惊奇地看到，那个小木块已经可以看出一匹骏马的脑袋。约翰眼中不由露出羡慕的神采：“呀，乔治，你真棒！你雕得可真像啊！”

两个小家伙钻到一块儿喊着、叫着，开心地争论着。

约翰比画着请求萧伯纳说：“乔治，我真想像你一样手那么巧，能雕刻出这么像的小动物。你先来教我刻马尾巴吧！这比较简单些。好不好？”

萧伯纳爽快地回答道：“当然没问题！”

于是两个小家伙离开铁器店来到路边，找到一块平整的大石板就开始了“雕刻工作”。一边忙着还一边嘴里“叽叽喳喳”地叫个不停：“真像！”“哎呀！小心点！”

这时，萧卡尔正好从这里路过，他看见儿子正在铁器店旁边的石板上和一个孩子玩得不亦乐乎，不由皱紧了眉头。但他还是尽量保持着绅士风度，平静地喊了儿子一声：“乔治，别玩了，该回家了！”

萧伯纳即将完成手中的作品了，他回过头来，满脸兴奋地向父亲摆了摆手：“您先回，我马上就完事儿了！”

萧卡尔又皱了皱眉，“哼”了一声，迈着平稳的步子回家了。

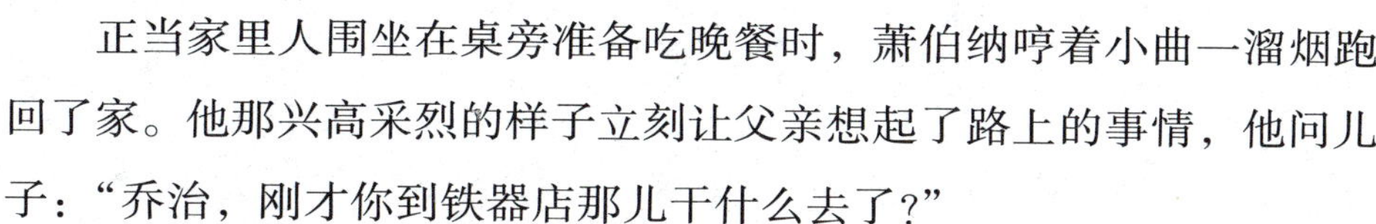

正当家里人围坐在桌旁准备吃晚餐时，萧伯纳哼着小曲一溜烟跑回了家。他那兴高采烈的样子立刻让父亲想起了路上的事情，他问儿子："乔治，刚才你到铁器店那儿干什么去了？"

"我教约翰雕刻！"

"约翰？哪个约翰？他父亲是谁？"

"他爸爸就是铁器店的老板啊！"

萧卡尔立刻瞪大了双眼，火冒三丈地说："你说什么？你跟铁器店的孩子混到一块去了！"

萧伯纳感到很委屈："那又怎么了？我们是好朋友。"

萧卡尔指着萧伯纳大声训斥道："那是下等人家的孩子。乔治你给我听好了，以后永远不准再和他们来往！别忘了咱们萧家可是都柏林的上等家族！"

在19世纪中叶的爱尔兰，社会等级划分得非常严格。依靠资产生活的绅士阶层极其鄙视手工业者和其他靠体力劳动谋生的人。

萧卡尔也不例外，虽然他们家境况没落，但他一直严禁孩子们和那些下等人家的孩子来往。

萧伯纳与父亲一直像朋友一样相处，从来没见到一向对他和蔼的父亲发这么大的火。而他小小的头脑中还不能清晰地判断出是父亲头脑中这种根深蒂固的等级观念在作祟，只是从自己身上找原因："莫非真是我的错？我不应该和约翰一块玩？爸爸从来没有发这么大的火，这肯定是有原因的。但到底是什么原因呢？"

从此，萧伯纳与约翰的友谊也就断绝了。由于他既没有机会与所谓上流社会人家的孩子交往，又被杜绝"堕落"到与平民家庭的孩子来往，得不到正常孩子的社交锻炼，于是性格越来越内向。

学校里的故事大王

萧伯纳的伯父卡罗尔牧师曾经读过大学，他在萧伯纳到都柏林韦斯利教派学校读书之前，就教过他拉丁文，而且时常向萧伯纳讲述大学生活的美妙：“大学里学术气氛很活跃；教授们愿意和学生交朋友；而且图书馆里有丰富的藏书；学生们可以根据自己的兴趣选择课程。”

萧伯纳羡慕地看着伯父，他听得入了迷，脑子里充满了对大学的期望。他多么希望自己也能快快地成为一名大学生啊！

萧伯纳在韦斯利学校接受过短期的教育。

当时，学校主要教授拉丁文和希腊文。而每天的第一项功课，就是半小时的教理问答：老师提出一个问题，学生就要从《圣经》里找到相应的依据来作答案。

萧伯纳从 7 岁就开始嘲笑《圣经》了，而这时却要努力地熟背它，这是多么没意思的事情。

萧伯纳自有应对的办法，他向老师要求：“老师，我家在基林尼湾边上，离学校特别远。我是走读生，每天需要乘火车到学校，教理问答课我可能来不及上，这怎么办呢？”

老师无可奈何地说：“那这样吧！你每天可以迟到半个小时，你的教理问答课可以免掉。但课后可要自己背《圣经》啊！”

而拉丁文和希腊文，在上学前伯父早就教过了。因此，萧伯纳上课的时候就常常在读《莎士比亚全集》，即使这样，每次提问时他都能对答如流。

老师对他既生气而又没有办法。因此，在成绩评定时，老师们给这个令他们头疼的人物评了个“差”。

但是，在同学们眼中，萧伯纳却是个令人推崇的故事大王。

瓦尔特舅舅给他讲了那么多好听的故事，随便拿出一个来，加上自己绘声绘色的表演，每次都让同学们听得津津有味。

有一天，萧伯纳给同学们讲了一个英雄少年智斗强盗的故事。故事讲完了，但同学们意犹未尽，都眼巴巴地瞅着他，希望他再多讲点。

萧伯纳眉头一皱，心里冒出一个调皮的念头，他随口就胡编起来："我告诉你们，就在前几天，有个坏小子在路上拦住了我，说让我给他背着书包。我当然不干了，这个家伙就向我冲过来，扬言要揍我。"

这时，萧伯纳注意了一下听众的表情，见同学们一个个都张大了嘴巴，他心里更得意了："就在他的拳头离我还有半米远的时候，我大叫一声，冲上去就把他撞翻在地。那个小子爬起来，抹了一把鼻子流出的鲜血，赶紧逃走了！"

同学们一阵惊呼："哇！真棒！"

萧伯纳那一刻真是太得意了，他努力表现出自己的"英雄气概"，威严地摆摆手，带着冷傲的眼神扬长而去。

但是，萧伯纳为自己导演的这出"英雄幻想曲"却差点变成一出尴尬剧。

有一个高年级的大男孩，长得又高又壮，外号叫"铁塔"，向来被誉为校内第一高手，不料他听说，低年级有一个什么故事大王，不但能言善辩，而且胆量过人，勇猛无比。

他心里可就不服气了："一山不容二虎，我们两人不妨来次'现场打擂'，看看到底谁是真正的英雄。"

一天课间的时候，这个男生就把萧伯纳叫了出去，一看，萧伯纳长得像只"云中鹤"一样，又高又瘦，而且一脸文气，心里说："这不就是根面条吗?"

"铁塔"蔑视地问道："你就是那个爱吹牛的故事大王?"

萧伯纳知道牛皮吹上天了，对方来者不善，心里在估量双方实力："我趁他不注意偷袭，不行，这家伙也太壮了！要不要来个……也不行，他一下还不把我手腕给掰折了。"

但是，萧伯纳的脸上却神色不变，他把嘴角一撇，双手叉腰，昂着头，眼神向下傲慢地回应道："莫非你就是他们早对我说过的喜欢找人麻烦的坏小子?"

"铁塔"不由心里一愣："他既然早就听说过我，还敢对我这么狂！莫非真有过人之处?"但他越打量，越发现萧伯纳没什么特殊的地方，就捋起袖子，一步步逼了上来。

萧伯纳这时心里可慌了，但本以为自己凭气势可以压倒对方，但这个"浑人"根本不吃这一套。

"我是不跟你一般见识的，我来到学校学习才是最主要的。我要去上课了。"

萧伯纳说完，镇定地转过身，从容地向教室走去。其实，他的耳朵一直听着身后的动静："一旦这家伙从我身后打过来，我将拔腿而逃，所谓好汉不吃眼前亏。"

"铁塔"没有料到他想象中的"强强对话"会是这种结果，他竟然一时不知如何是好，愣在了那里。萧伯纳事后想想挺怕的，从此他再也不敢吹嘘自己多么勇猛了。他在笔记本上写下："人还是应该讲真话!"

当然，别人无从知道这句话的根源。

初涉世事

有自信心的人，可以化渺小为伟大，化平庸为神奇。

——萧伯纳

送走母亲告别童年

萧伯纳的母亲贝西比父亲小20来岁。就在萧伯纳逐渐长大时，他的母亲对家庭和丈夫却越来越失望：萧卡尔酗酒成性，由于不善经营，磨坊和面粉批发行的生意一天天败落。

这个天真、清纯、不谙世事的少妇，只有依靠音乐来寻求解脱，寻求快乐和安慰。

贝西的音乐素养很高，她不但钢琴弹奏得相当出色，而且嗓音甜润，音域宽广。音乐家李为她打开了通往乐土的大门，使她信心倍增，演唱技巧也日渐娴熟，成为都柏林一带小有名气的业余歌唱家。

但是，李却不想一直待在都柏林，他梦想着离开爱尔兰到英国伦敦去，开创一片新的天地。当时，只要能在伦敦音乐界抢得一席之地，就意味着能获得财富和地位。

1870年的一天，李终于辞别萧伯纳一家前往伦敦。临行之时，他依依难舍地拥抱着萧伯纳，意味深长地说："爱尔兰太小了，伦敦才是藏龙卧虎之地。小乔治，不走出去，永远看不到外面的大世界！"

送行的时候，萧伯纳紧紧拉着李的手，他看着几年来朝夕相处的父亲一般的李，乘上火车，"咔哒、咔哒"地消失在远方，他回味着李的话里面"外面的大世界"，而且李还告诉他，要到伦敦，还要转乘轮船，在海上航行很久才能到达伦敦。

李走后，萧伯纳一家无法独立承担房租，只好搬迁到小一点的一所公寓房里住。再加上父亲的生意倒闭，日子过得更艰难了。萧伯纳只好辍学了，从此，认为自己具有某种特殊天分的萧伯纳，再也没有接受过正规教育。

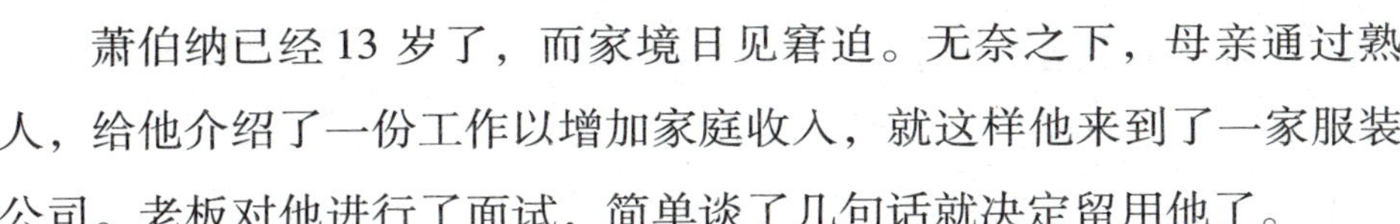

萧伯纳已经13岁了，而家境日见窘迫。无奈之下，母亲通过熟人，给他介绍了一份工作以增加家庭收入，就这样他来到了一家服装公司。老板对他进行了面试，简单谈了几句话就决定留用他了。

没想到好事多磨，恰在此时另一位老板走了进来。他觉得萧伯纳年龄太小不宜留用。虽然工作没找成，但萧伯纳本人却从心底感激那个老板，因为他心里压根儿就不想来工作。

过了不久，李就从伦敦给他们寄信来了，他说："我在伦敦获得了成功，我用自己开创的'发声法'教授学生声乐课，并且在伦敦的音乐杂志上发表了好几篇评论文章，这里的音乐会让我应接不暇，我在派克街租了一所房子。"

贝西和萧伯纳的姐姐们想到，也许可以跟随李到伦敦去，那样，还有可能在他的赞助下进入伦敦社交圈，或许对以后的音乐道路也更有意义。

在当时，女人出去谋生还是非常稀奇的事，因为社会上所有的职业几乎都是为男子专有，女子就业的机会极其稀少。除了当演员、老师、酒店女服务员之外，别的行业都拒绝女性参与。而做演员、老师、服务员又会被人看不起，人们认为，只有下等人家的女人才会去做这些社会地位很低的工作。

但是贝西决定外出了。由于生意始终没有起色，萧卡尔终日将自己淹没在酒杯里，企图用经常醉得人事不省的方式逃避现实，贝西已经忍受了多年，她不得不下定决心离开他。她宁肯离开家庭独自去伦敦谋生，也不想再看这个无能窝囊的男人一眼。

母亲要离开他，萧伯纳连着好几个晚上都痛苦得无法入睡。他在黑夜里，无助地睁着两只大眼睛，这时，完全没有了当年等候魔鬼莫菲斯托的愉快心情，而是非常孤独、恐惧。

萧伯纳流着眼泪想着："今后我就不能和妈妈、姐姐在一起了，家里再也听不到她们说话、唱歌了。"

萧伯纳忽然感觉到有人走了进来，而且他马上就感觉到那是母亲。他忙伸手去擦脸上的泪：因为以往他是从来不流泪的，不管他多么难受，都是咬紧嘴唇，倔强地挺下来。

贝西一下搂紧了自己的小儿子："上帝呀！我的孩子！"

萧伯纳听出母亲也在哭，他知道母亲也舍不得自己呀！

贝西哽咽着说："乔治，妈妈和姐姐们明天就要走了。你千万别送我们。我怕到时我会舍不得你而改变初衷。"

萧伯纳像个大人一样安慰母亲："妈妈，你放心去吧！我和爸爸会把我们家的日子越过越好，我们永远都会等你们回来。"

贝西听到儿子这么懂事的话，她更伤心了："好孩子，乔治，希望你快快长大，能把家顶起来。我们靠自己的能力来生存，这算不上丢人的事。我们到伦敦去以后，爸爸赚的那点钱还是养活不了你们爷儿俩。孩子，你已经 14 岁了，要替爸爸多分担一点，照顾好他的身体，最好去找一份合适的工作。"

这一刻，萧伯纳一下觉得自己长大了，肩上的担子反而让自己变得无比坚强，心中的孤独、恐惧也一下都消散了。

第二天，萧伯纳坚持与父亲一块儿，送走了母亲和两个姐姐。同时，他也送走了自己的童年。

父子俩肩并肩往回走，一路上都没有说话。萧伯纳突然发觉，父亲好像几天时间就老了 20 岁，他的神情是如此悲凉。

萧伯纳在心里默默地对自己说："从此，就要撑起爸爸头上的一片天空了。"

寻找工作自食其力

母亲走了以后，萧伯纳与父亲相依为命，他决定走出家门，开始寻找工作。

但是，他无法向人家说明自己到底会干什么。他知道："我会弹钢琴，能唱大段的歌剧，能唱汉德尔、海登、莫扎特、贝多芬、门德尔松、罗西尼、多尼泽蒂、贝利尼、维迪、古诺、迈耶比尔等作曲家的许许多多音乐作品，也能用口哨吹出他不能唱的歌曲。我还懂得绘画和文学。但这些有什么用呢?"

萧伯纳看到有公司贴出招聘信息，他就去应聘，但人家总是不相信他是应聘的，总是问他："小家伙，你来这儿找谁?"

萧伯纳很有礼貌地回答："先生您好，我是来应聘工作的。"

对方大吃一惊："你？老板，这个孩子说是来应聘的。"

老板走过来，上下打量了他一下，摇着头说："孩子，我们招有工作经验的人。对不起。"

萧伯纳走了好多家，结果都让他很失望。

1871 年，在萧伯纳 15 岁

的时候，通过叔叔的关系，萧伯纳终于在一家一流的房地产公司，乌尼雅克·汤森地产公司当上了文员。年薪18镑。

说起来，萧家在都柏林毕竟还是一个大家族，萧伯纳有很多叔伯、哥哥们都很有作为。有的当牧师，有的成为男爵，有人经商等，因此，虽然萧卡尔没有本事，但靠着萧家的声望，萧伯纳找工作还是不难的。

头一天上班前，萧伯纳站在镜子前，挑剔地打量自己的造型：一个又高又瘦的大男孩，一脸的书卷气。灰蓝色的灵动的眼珠嵌在苍白的面颊上，衣服虽然旧了些，但是干干净净的，穿在挺直的身板上，依然显出青春的朝气。

刚开始上班的时候，萧伯纳对这里的一切都感到陌生和压抑，极不适应。他说："这儿的规矩与我的天性相悖，到这儿来仅仅是为了挣钱生活。"

当时，能够到一家房地产公司工作是许多人梦寐以求的事情，因为这种公司在爱尔兰的商业圈里是最赚钱的。

举止文雅、聪明机灵的萧伯纳很快就博得了同事们的好感，他虽然年龄还小，但知识丰富，很快汤森公司上上下下都知道了这位"才华横溢"的小同事。他又找到了当年在学校当"故事大王"时那种受人拥戴的感觉。

但这对萧伯纳这个一心只想成为男中音的青少年，却并不意味着光明的前程。所以每当老板离开办公室的时候，萧伯纳都要抓紧时间为同行伙伴们讲解一段有关歌剧的知识，大家也都愿意向他交点儿学费，学一些工作以外的艺术知识。在当时，人们的主要娱乐项目就是听歌剧，唱歌剧。

有一次，同事史密斯兴奋地问大家："嘿！你们看过《费加罗的婚礼》吗？那真不愧是名剧，太好看了。"

大家有的看过，有的没看过。而萧伯纳也特别喜欢这部歌剧，他马上说道："嗯！这是莫扎特最有代表性的作品，音乐很有气势，特别有感染力。"

史密斯趁着萧伯纳在兴头上，就开口请求："萧先生，我想你肯定会唱费加罗那段著名的唱段，请你教我好不好？"

萧伯纳确实会唱，但他为难地说："但这是在上班时间啊！唱歌不合适吧？"

但是，大家都鼓掌欢迎，尤其那几个年轻人拍得最带劲。因为他们早就不满足于只是听听，很想自己学会那些优美的曲子。

萧伯纳仍然有些犹豫："但是……"

史密斯马上打断了他后面的话："要不这样萧先生，我提个建议，我们这些人合资请您当我们的音乐老师，您看怎么样？"

几个人纷纷叫好，他们都是有钱人家的子弟，拿出了很高的报酬。萧伯纳只好半推半就地答应了。

有一天，这位不知深浅的文员完全投入到对于音乐的讲解之中，没有注意到老板已经走进了办公室。其他人早就看见了老板而恢复了工作状态，只有萧伯纳因为根本没发现任何异常而继续有声有色地讲着音域的常识。

直至老板伸出的手快触到他时，萧伯纳才反应过来。他像受惊吓的兔子一样跑进自己的办公室，气喘吁吁，再也不敢出来了。

为了迁居伦敦，萧伯纳的母亲将家里的一切都变卖了，只将钢琴留下了。萧伯纳说："我突然觉得自己生活在一个没有音乐的屋子里，仿佛只有通过自己才能证明我的存在。"

从此，萧伯纳开始自学钢琴。他学琴的方法很怪，并不注重指法的练习，而是一遍又一遍地练曲。他固执地认为只要对曲子理解了，就会将手指搁在正确的琴键上。

后来，萧伯纳又将兴趣转向了瓦格纳和贝多芬，使他感到意外的是，原来在歌剧和清唱剧之外还有另一片天地。撞击、长啸、咆哮和怒吼，所有的一切对萧伯纳以往的观念都是一次强劲的冲击。

在那段时间里，所有住在哈考特街的居民们都饱受了来自 61 号居室声音的侵扰。因为在此时期，萧伯纳经常靠音乐排遣工作中的烦恼。他的主要工作就是每周都要到各家各户去收房费，跟那些贫穷的房客们打交道。

每到星期二这一天，萧伯纳的心情就格外的沉重，因为他又要到特伦努尔贫民区收取这一周的房租了。

19 世纪末，贫穷和饥饿席卷了爱尔兰，大多数家庭都挣扎在死亡线上。因此他们不得不将丈夫或儿子送上轮船，含着眼泪看着他们消失在大洋远方，到美国去当苦力。

而守在家里的人都眼巴巴地盼着从美国来的邮轮，希望远渡重洋的亲人给他们带回生活之资。

每当有美国的邮轮来港，邮局门前就会排起长长的队伍，人们都在寻找着有没有自己亲人的汇款。如果取到了，他们就吃上小青鱼以及蘸着酱汁的土豆。而没有拿到汇款的人，不但要失望地空手而回，而且还要为远去的亲人生死未卜而终日担心。

萧伯纳从电车上下来，挤过邮局门前的几串队伍，走向那片低矮、肮脏的棚户区。

突然，几个孩子从身前争抢着跑过。萧伯纳站住看着：他们一个个衣衫褴褛，皮包着骨头，手里举着刚从垃圾堆里抢到的干枯而肮脏的烂菜叶。但他们就像是在争夺几件稀世珍宝一样。

这一刹那，萧伯纳只觉得鼻子一酸，他灰蓝色的眼睛立刻蒙上了一层水雾。他凝视良久，痛苦地摇了摇头，拐进了一条流满泥泞、臭气刺鼻的小巷。

萧伯纳抬头打量着小巷两旁喘息着挤靠在一起的小矮房，心里暗暗吃惊："如果我脚步踏得重一些，或者大声咳嗽一下，会不会把这些歪歪斜斜的小屋震塌呢？"

他胡思乱想着走到7号屋门前，伸手敲门："砰砰！砰砰！"

萧伯纳看到，屋门明明是虚掩着的，但屋里就是没人答应。他无奈之下，只好转身准备离开。

这时，屋里突然传出一个有气无力的喑哑的声音："门没锁，进来吧！"

萧伯纳举手推门，门痛苦地"吱呀"一声闪在两旁，他走了进去。

虽然是大白天，但屋里却黑咕隆咚的一时什么也看不清。萧伯纳睁大眼睛适应了好一会儿，才辨清了屋里的情况：里边的墙脚下支着一张床，床沿上坐着这家的女主人；床边上有一张椅子，男主人双手抱着头坐在上面，两只眼睛呆呆地盯着地面。

萧伯纳平静了一下自己的情绪，向夫妇两人说明来意："我来收本周的房租。"

女主人看样子应该还不到40岁，但是已经被愁苦的生活压得过早衰老了。听了萧伯纳的话，她心慌地看了看萧伯纳，又绝望地看了看旁边的丈夫。

男主人好像刚刚意识到有人来了，他缓缓地抬起了头。萧伯纳立刻看到一张被生活的重担凿刻满了苦难的脸：神情麻木，毫无生气，写满沮丧。

萧伯纳的心猛地抽紧了一下。但他又想到这是自己的职责，收不到房租就会丢掉工作，犹豫了一下只好硬起心肠说："先生，我是来收这周的房租的。"

那个男人立刻暴怒起来，他控制不住地对着年轻的收租人吼叫着："没有！我一分钱也没有！你回去叫他们来把我们赶出去吧！"

床上的孩子被这一声怒吼惊得"哇哇"地哭叫起来。女主人赶忙回过身来去安慰孩子，孩子哭声稍住，她回过头来哭着说："我的孩子病得都快要死了，可怜他连口粥都喝不上。"

年轻的萧伯纳心里就像插入了一把尖刀般疼痛。但这样凄凉、愁苦的悲剧，他每周都要“观看”无数遍。

他心里深深自责：“我自己也是穷人，却为了获得一点生活来源，而去直接逼迫这些挣扎在死亡线上的贫民家庭。”

但回来交差时，萧伯纳心里又充满了愤慨：“老板总是嫌收的房租少，还嚷着再加房租。而他自己在家设宴招待宾客的时候，不知道一顿饭要吃掉多少家庭的房租。”

这段“收租人”的生活，给了萧伯纳充分认识社会现实的机会，使他对劳动人民的困苦生活有了最切身的体会。

萧伯纳的老板对其忠诚和工作态度十分满意，因为在房地产公司的表现不错，一年以后，他已经担任了出纳员工作。以前这个职位一直由一个 40 多岁的有经验的人担任。

萧伯纳凭着机敏的头脑和刻苦钻研的劲头，短短几天就弄清了如何兑换支票、收存款、缴纳 50 个区地产的户口税、免役税务、抵押利息、寡妇所得产、年金、保险费以及其他种种名目的款项，干起来得心应手。

他在这个行当里一干就是 4 年。在萧伯纳 20 岁那年他的工资就已经达到了 84 英镑。

老板在萧伯纳的鉴定书里写道：

有卓越的商业才能，非常严谨，完全可靠，令人信赖。交给他的所有事情都能非常迅速而圆满地完成。

可是尽管如此，萧伯纳还是不满足，他厌恶这份工作，而将自己的精神寄托于音乐、绘画和文学上。他曾这样说过：“我从来未曾想过自己会成为什么名人。我是那种缺乏自信的人，也很容易上别人的当。但有一天，一位同伴在办公室里说了一番话使我大受震动，他说

其实每个人都想成为伟人。我这才意识到我自己就从来没有过这种想法。”

音乐使年轻的萧伯纳于日常琐事之外，找到了自己的精神归宿。

失去了母亲照料的萧伯纳变得非常忧郁，心情更加苦闷，每次从公司拿到薪水时，他都恨不得将这些花纸头撕成碎片，抛撒在空中，随风而去，他恨这些花花绿绿的价值符号让父亲变成了一个地地道道的酒鬼。

为了不想看到父亲害怕被自己指责和鬼鬼祟祟的难堪样子，一回到家，他总是将脑袋深深地埋在书本里面，再也不肯抬起。

这一时期，自认为“没有任何印刷品上的东西看不懂”的萧伯纳，零零碎碎、杂乱无章地接触了几乎所有能够看到的文字，从亨利·乔治、爱德华·贝拉米，到尼采、叔本华、亨利·柏格森，甚至皮埃尔·普鲁东、卡尔·马克思那里，学到了很多东西。

当萧伯纳的年薪增加之后，他买了一套燕尾服。而这时一切也都变得顺利起来，萧伯纳的父亲现在终于彻底戒酒，因为他觉得儿子已经在逐渐实现他自己过去想要实现的愿望了。

但是，萧伯纳厌恶这种奴役般的工作，只是在等候机会逃走，他不但要离开这家公司，而且要离开他所谓的“令人嘲笑的城市”都柏林去伦敦，当时，唯有在伦敦这种地方，才能够开始艺术生涯。

朋友之间坦诚相见

当萧伯纳在汤森地产公司管理出纳事务时，他的同学爱德华·麦克纳尔蒂也正在爱尔兰银行纽里分行工作。因此，他们之间的友谊，对萧伯纳而言，就显得特别珍贵了。

因为，萧伯纳始终处在特别的孤独之中：同事们都比他大十多岁或几十岁，在他们眼里，萧伯纳只是个聪明、富有才华而又勤奋的孩子，那些成年人谁也没想到要和他成为平等、知心的朋友。

萧伯纳的桌前，摆放着一张爱德华的素描画像：蓬松的鬈发显示出张扬的青春，一双大眼睛闪烁着机敏的光彩，嘴角向上微撇，似乎一直在热情地问："嘿！乔治，又在写小说吗？"

于是，萧伯纳的孤独就都随着爱德华微笑的清波荡漾而尽。

萧伯纳面对着爱德华的肖像，心里默默地说："亲爱的朋友，只有你能清楚我的内心最需要什么，也只有你能体察到我在想什么，更只有你才知道我人生的意义在哪里！"

萧伯纳的体内，天生就流动着艺术的血液，他弹琴歌唱的时候，眼前就会出现春日里明媚的草原，整个身心都感到温馨安静；当他掩卷深思的时候，脑海里不时闪现灵感的火花，他就会急切地拿起笔，记录下这些激情澎湃的瞬间，而世俗的世界就完全屏蔽于心门之外了；而当他凝视着一幅风格别具的图画时，思绪就会飘飞到一个遥远的时空里：

我是为艺术而生的！但是，现实却像寒冷的冬季，我要不停地为温饱而奔波，否则就只会冻饿而死！

萧伯纳面对着桌上洁白的信纸，心中涌动着难以扼制的激情，他奋笔疾书：

爱德华，你好吗？你在银行工作还习惯吧？你是否还在写诗？你对宗教是否又有了新的看法？

两个人都强烈地热爱艺术，彼此欣赏。但因为都柏林离纽里比较远，否则，他们恨不得天天见上一面才好。这一对志同道合的朋友真是相见恨晚。其实他们相识时才都只有十多岁。

很快，爱德华就“还招”了：

乔治，纽里的生活让我感到孤独！我时常怀念我们的同学时光，那时多好啊！我们共同探讨，激烈争论，以文会友，互相促进提高。唉！可惜时光一去不返了！

两个“孤独者”的信件来往越来越频繁，他们也深陷于这种倾诉自我、表达自我、寻求理解的方式中不能自拔，友情和思念也随着“决斗”的白热化而日益加深了。

每天 17 时 30 分，邮差会准时敲响萧伯纳的家门。

萧伯纳听到“砰、砰”的敲门声，总是急切地冲出去，夺过邮差手中的信。

邮差越来越感觉奇怪了：“这个年轻人怎么每天都会收到同一个人的信?”这天，他终于憋不住问出了口：“先生，您这是怎么回事?”

萧伯纳马上就明白了他的意思，他爽快地回答道：“我们俩正在进行通信‘决斗’！看谁能笑到最后。”

邮差不解地嘟囔着“通信决斗”4个字走了。

每天一下班，萧伯纳和爱德华就都坐在都柏林和纽里各自的书桌前，两个朋友说着只属于他们两个人的话题：辉煌梦想、宏大志向，以及惊世骇俗的见解。

音乐、戏剧、绘画、文学、宗教……笔在飞，信在飞，海阔天空，任思绪飞扬。都柏林寄到纽里一篇文章，同时收到纽里寄到都柏林的一篇诗歌；然后你评论我的文章，我修改你的诗歌。

有时要说的话很多很多，但时间又不够用，这怎么办呢？看看萧伯纳是怎么做的，就可以知道爱德华也有相应的妙招：萧伯纳随身带着纸笔，无论是在马车上、火车上，还是在等人的时候，甚至吃饭的时候他都能旁若无人地写起来，那神思飞扬的表情，那龙飞凤舞的姿势，都让周围的人看得瞠目结舌。

萧伯纳的信中，永远都是那样笔锋犀利、入木三分；而有时又突施“倒高潮”的幽默妙招，常常让爱德华不由得拍案叫绝：“这个乔治的知识太丰富了，与他交谈，我永远都在学。”

而萧伯纳慢慢发现了爱德华信中一处“欲盖弥彰”之处，他不由露出了得意的笑容：爱德华在信中，常常会提到萧伯纳的姐姐露西，说她“优雅迷人、嗓音甜美、待人亲切”。

看着爱德华的信，不由勾起了萧伯纳对姐姐的怀念：

萧伯纳有两个姐姐：大姐露西，二姐阿格尼丝。露西从小受母亲熏陶，精于韵律，弹一手好钢琴。后来，在李的培养下，接受发声法训练，歌唱技巧更得到很大进步，20岁就担任大型歌剧的女主角。

萧伯纳小时候没有伙伴玩，整天和姐姐待在一块。姐姐读书他也跟着读，姐姐练琴他也乖乖地在一旁看着，并模仿姐姐的动作，姐姐练声，他也用尖细的童音跟着唱。

母亲见了很好笑，有一天，她叫过萧伯纳说：“乔治，唱歌弹琴是女孩子干的事，你是男孩子，应该做男孩子做的事。”

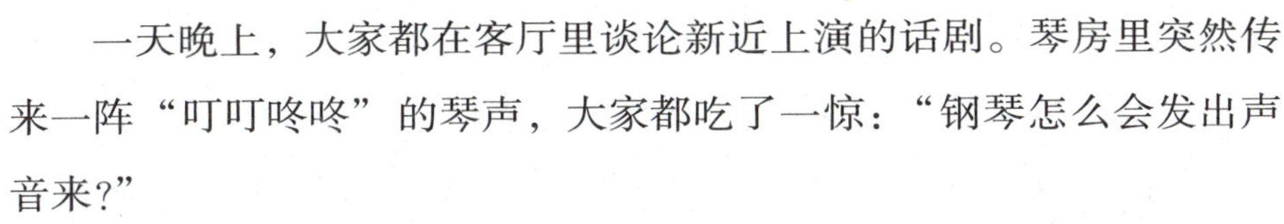

一天晚上，大家都在客厅里谈论新近上演的话剧。琴房里突然传来一阵“叮叮咚咚”的琴声，大家都吃了一惊：“钢琴怎么会发出声音来?”

露西走在前面，率先推开房门：只见萧伯纳正踩在一只小板凳上，聚精会神地弹着钢琴，只是大家看了一眼就都不约而同地放声大笑起来——原来他只用一根手指在弹。

从此，露西开始正式教弟弟如何协调运用10个手指，如何识谱，不久，萧伯纳就能弹奏出优美的曲子了。

露西随母亲去伦敦有5年了，姐弟之间只有以通信的方式来倾诉思念之苦。

发现了对手这一“破绽”，萧伯纳就使了一招“欲擒故纵”，他在信中故意吊起爱德华的胃口：

露西在伦敦歌剧界的名声越来越大，每逢她演出，戏院的票总是早早就被预订完了。报纸、杂志都对她大加赞赏：她嗓音甜美，举止坦率大方，妩媚迷人；尤其难能可贵的是，她具有一般演员缺乏的渊博的历史和艺术知识；随着剧情发展，她渐入佳境，唱得越来越自信，表演得越来越精彩，展示出天赋的歌唱和表演才能。

露西又在排练一出新的剧目。她给我来信了，说非常想念我们。

“我们”究竟指的是谁呢？是萧氏父子？还是萧伯纳和爱德华？萧伯纳却故意没有说明。

最后，爱德华只好坦白了：

乔治，你不知道我有多么喜欢露西！你行行好，在她面前替我多说说好话吧！

萧伯纳为了知己，当然是义不容辞的。他向姐姐去信，不断地描述爱德华如何英俊，称赞他才华横溢，并请求露西在伦敦为爱德华的小说寻求可以合作的出版社。

萧伯纳与爱德华还商定："在我们 20 岁的时候，就会把来往的书信全部焚毁。"

因此，他们总是毫无顾忌地互相发表坦率的意见。这种通信决斗将带来美好的结局，因为这大大地锻炼了他们的写作水平。

1874 年，18 岁的萧伯纳迈出了走向文学道路的第一步，尝试着向杂志投稿。

因为长期与爱德华进行通信决斗，萧伯纳对写作产生了极大的兴趣。有一次，他参加完一次穆迪和桑基的复活祈祷大会后，在与爱德华讨论宗教问题的时候，萧伯纳一连写了好几页纸向他阐述自己的无神论观。

爱德华被萧伯纳大胆而叛逆的思想所震惊，他给萧伯纳回信说：

> 乔治，爱尔兰虽然现在不像中世纪那样，但是基督教仍然占据着至高无上的地位，几乎所有的爱尔兰人都信奉基督教。很显然，尽管你的无神论有着科学的道理，但是仍然会遭到人们的反对和排斥。

不料，爱德华的回信，却更激起了年轻的萧伯纳的叛逆心理，他产生了一个念头：干脆将自己的宗教观向公众宣扬一下："什么事总要有人第一个站出来做，就让我来当这第一个吧！"

于是 8 月份，萧伯纳把自己清新、科学的宗教观整理了出来，认认真真地誊写清楚，装在一个大信封里，上面写上：《游世杂志》收。厚厚的信件，让他付了两倍的邮资。

《游艺杂志》的编辑们看了这篇批驳《圣经》、宣扬无神论的文章，一个个都被惊呆了，但是，他们又不得不佩服作者睿智的评议、严密的逻辑和辛辣的幽默。

但是，他们还是怕这种冒天下之大不韪的观点会遭到社会的诽谤，从而使杂志社受损，于是决定给作者退稿，并给这个胆大妄为的年轻人写了一封退稿信。

9月，萧伯纳就收到了退稿信，他不屑地把它扔进了垃圾箱。回到桌旁，把退回的稿件又装进了一个新信封，然后又寄给了《公论杂志》社。

《公论杂志》是一个比较开放、思想进步的杂志，编辑们一直不满意都柏林这种落后而死气沉沉的气氛，早就想发掘出一些能够让人们眼前一亮的思想清新、文笔泼辣的年轻的作者。

这时，编辑们读着萧伯纳的文章，不由都拍案叫绝："犀利、幽默、胆大、机智!"

文章终于被发表了。大多数作家在第一次看到自己的著作被刊登时，总会感到激动。萧伯纳却没有这种光荣的感觉。文学对于他是那么自然，使他意识不到自己的特长。他说："那并不比水在我嘴里的味道更令人兴奋。"

萧伯纳认为，如果杂志上刊登他所画的图画，或者如果他站在台上，在正式管弦乐队的伴奏中演唱歌剧，那将会是一件大喜事。但是，现在只不过是写写东西，谁都会写文章的。

按照当时的年龄，他是应该上大学的。但是萧伯纳对学校不感兴趣。他的知识得益于自学。在文学方面他钻研过狄更斯、莫里哀的作品，读过雪莱的全部散文和诗歌。雪莱是他青年时代崇拜的神圣人物。

在音乐方面，萧伯纳钻研过莫扎特的作品。莫扎特使他知道：艺术作品怎样才能达到力量、风雅、美和庄重的最高度，而同时又不矜持或标新立异。贝多芬和早期瓦格纳的作品也对他产生过影响。

在语言方面，萧伯纳除了英语外，他还懂德语、拉丁语、意大利语，并略知一些西班牙语。

但是，这篇文章却引起一场轩然大波。

这天，萧伯纳下班刚回到家里，一进家门便被父亲堵在了客厅里。

“乔治，你在《公论杂志》上刊登了一篇文章？”

萧伯纳不以为然地回答：“是啊！没什么，也就没告诉您。”

“是批驳《圣经》的？”

“是啊！爸爸，其实在家里我早就对您讲过这些了。”

萧卡尔的脸色一下变得铁青了，他跺着脚嚷道：“哎呀！你这孩子！你几个伯父正在爵士家里，专门就你这篇文章召开家族会议，并说要处罚你这个萧家的叛逆。”

家族会议只是在全族准备处置家族中的败类时才开。萧伯纳虽然知道这件事肯定会引起人们的一些不满和抗议，但没想到到了如此严重的地步，心里不由也吃了一惊。

但他这时已经是一个真正的大小伙子了：颀长的身材，健美的体格，这是从小坚持体育锻炼的回报；一双深邃而沉静的大眼睛闪烁着穿透一切的光芒；嘴唇紧抿，显示着成熟、坚定和不屈。

萧伯纳一转念间就坚定了自己的意志，他昂着头安慰父亲：“爸爸，你不用担心。我没有做错什么，他们不能把我怎么样。世界已经进入 19 世纪了，再不会有强逼别人信仰上帝的事了。”

萧卡尔急得直皱眉，但他没有一点办法，因为儿子的这些思想，其实是他们一脉相承的。萧伯纳的伯父曾经以下流的言辞嘲笑宗教，他的母亲曾经以冷淡的态度拒绝宗教信仰，而父亲在努力宣传宗教的严肃工作中，无时不添上一个滑稽的“倒高潮”效果。萧卡尔无可奈何地摇摇头，脚步沉重地回自己的卧室了。

睿智而叛逆的萧伯纳在窗前站了很久，他凝望着黑夜中的苍穹，自言自语地说：

上帝根本就不存在！否则为什么好人总是如此贫穷、艰难，而作恶多端、狡诈冷酷者总是享受着荣华富贵？上帝的公平体现在哪里？根本没有上帝，有也早就死掉了，我们能相信的，只有我们自己！

他坦然地等待着家族会议对他作出处罚，心里也做好了准备："我决不会屈服，我没有错！"

伯父们终究没有采取任何实质性的措施来惩罚萧伯纳，或许他们也被这个年轻人的观点说服了，或许他们认为到时可能会被驳得下不来台。总之，只是虚张声势一番，然后就不了了之了。

风波过后，萧伯纳的信心和勇气比以前更坚强了。

闯荡伦敦

理智的人使自己适应这个世界；不理智的人却硬要世界适应自己。

——萧伯纳

辞别父亲远离故土

1876年，萧伯纳已经20岁了，他在汤森地产公司工作5年了，已经是公司里资历很深的老职员了。

但是他痛苦地意识到，他没有办法再继续呼吸弥漫在都柏林阴暗天空的拜金主义气味，同时为了向父亲证明自己的的确确是一个才华横溢的稀世天才。李的声音始终在他耳边回响：

去看一看都柏林以外的大世界！伦敦才是名家荟萃的地方，那里才是艺术的王国！

是啊！都柏林的生活太乏味了！办公室的工作束缚着萧伯纳渴望创造的激情，已经没有让他感到新鲜的东西了。他需要一个全新的天地，一个充满自由、辩论、活跃的世界！一个能让他实现毕生的梦想，艺术的梦想的世界，那就是伦敦。

萧伯纳已经5年没有见到母亲和姐姐了，但是，他一直与她们保持着通信。

移居伦敦的露西已经出落成一位优雅、美丽、富有才华的女郎。而李却一天天变得庸俗起来，他越来越崇拜金钱和地位，贪慕奢华。

露西对老师越来越失望，她向萧伯纳诉说着内心的烦恼：

亲爱的弟弟，我多么矛盾啊！他既然是我的音乐老师，我本应该尊重他，信任他；但是他的举止日益变得轻浮，整天盯着钱和地位，音乐已经成为他赚钱的手段，我真是越来越瞧不起这种用艺术换金钱的人了。

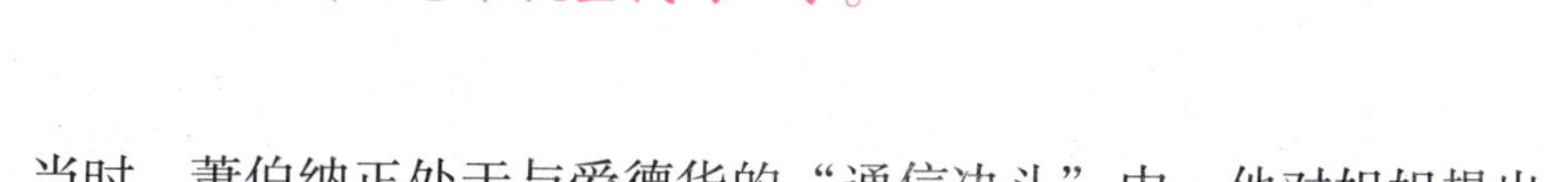

当时，萧伯纳正处于与爱德华的“通信决斗”中，他对姐姐提出的事略微感到了一些失望与担忧。

但是后来，露西又遇到了更大的难题：李竟然向她求婚！

李虽然比露西大许多岁，但他一直爱慕着露西，而且按照当时的社会习俗，年龄不是婚姻的焦点，萧卡尔就比贝西大了20多岁嘛！

露西感到压力太大了，而这时她与母亲之间又产生了一些分歧，关系一度很僵，而妹妹又不幸刚刚去世，唯一能理解她的亲人——弟弟又远在爱尔兰，她只能把这一切向弟弟倾诉：

弟弟，我和你一样，视艺术如生命，我严格地挑选演出的剧本，决不因为报酬高就盲目地去演。

但是伦敦现在够水准的剧本很少，戏剧事业正处于不景气的阶段；所以，我不得不去参加一些巡回演出剧团，因为必须赚钱生存啊！

但是妈妈很不高兴，她说我在自讨苦吃，放着体面辉煌的大剧院不去，偏偏千辛万苦地去小剧团参加巡回演出！我们之间现在很不愉快。

萧伯纳从小就是个“小诸葛亮”，他遇事镇定、机智，眼睛一眨就是一个主意。他意识到姐姐遇到了人生的大麻烦，连夜给姐姐写信：

姐姐，千万不要冲动，不要失去控制。你知道什么是对的，就心平气和地坚持你的观点，不要屈服于任何人，包括妈妈。

如果你实在是气愤至极，也要以幽默的方式发泄你的不满和愤怒，千万不要怒形于色，这样你就永远能立于不败之地。

写完之后，萧伯纳又马上另写了一封信给母亲：

妈妈，姐姐已经是个大人了，她已经22岁了，她有自己的是非观，有自己的兴趣。您不要逼她做她不喜欢的事。她有自己选择的权利，是不是？

您和姐姐在伦敦相依为命，生活一定很艰难，艰难中更应该保持一份乐观的心境。祝你们愉快！

事后，姐姐终于摆脱了李的纠缠，而母亲和姐姐的关系也融洽起来，并称萧伯纳为“和平使者”。但是萧伯纳还是非常担心两个亲人在伦敦的生活。这也是他坚决要到伦敦去的一个原因。

虽然父亲对萧伯纳的成就很满意，觉得儿子的工作体面，收入充裕，但是，萧伯纳自己却坐立不安。

新年刚过，萧伯纳就向老板提出了辞职。老板诚恳地挽留他：“萧先生，我一直没有因为你年轻而不重用你。我们很需要你这样才华出众、有卓越商业才能的职员，希望你能慎重考虑一下。”

萧伯纳真诚地表示感谢，但是他说：“我这个决定已经考虑很久了，我去意已定，请您谅解。”

老板虽然感到惋惜，但是他也很欣赏这个年轻人的果敢和成熟：“那好，我也不好再挽留你了。年轻人，我预祝你取得成功！”

萧伯纳其实还是挺放心不下父亲的：父亲已经老了，他背也驼了，头发已经花白，脸上布满了皱纹。可是，父亲由于对儿子很自豪，一天天过得很开心，整天都挂着开朗满足的微笑。

现在，父亲唯一的儿子也要离他而去，只剩他一个人孤独地留在都柏林，萧伯纳心里一阵阵发酸。

在临行前的一天，萧伯纳终于鼓起勇气面对即将孤苦伶仃的父亲，他走进父亲的房间。

“爸爸，我已经把地产公司的工作辞掉了。”

萧卡尔简直不相信自己的耳朵：“你说什么?!”

萧伯纳干脆全都说了出来：“爸爸，我辞职了，明天就乘船去伦敦。我已经买了明天的票。”

萧卡尔不解地看着这个从小到大一直让他捉摸不透的儿子：“乔治，你又动了什么歪念头？你在公司不是干得好好的吗?”

“爸爸，为了能使我在自己的梦想道路上迅速得到提高，我情愿抛弃目前舒适的生活。办公室的工作只能让我白白浪费时间。”

萧卡尔想到自己未来的日子，不由黯然神伤：“5 年前，你妈妈和两个姐姐因为生活所迫离开了家，你二姐不到 20 岁就去世了；我知道你当年进公司上班也是生活所迫，但你不一样，你可以在商界取得很好的成就的。我也知道，你的兴趣不在这方面，但现在你又要去那个遥远的地方。让我一个人待在都柏林还有什么意思呢？算了，我是个失败者，无论是做丈夫还是做父亲。”

他说不下去了，用手捂住了脸。

萧伯纳的双眼也不由得湿润了，他甚至都要改变自己的主意了，他心想：“是啊！此次一别，远隔万水千山，不知还能不能再见到衰老的父亲。他也真太可怜了。”

萧卡尔用颤抖的双手抹了把脸，平静了一下，非常理解地对儿子说：“这样也好，你妈妈都离开我们 5 年了，就当去看望她们一下。她自从嫁给我没享过一天福。哦！对了，你带着公司给你的工作评定证明了吗?”

因为在当时，工作评定证明是寻找新工作的必备条件。

萧伯纳说："我没要工作评定证明，我到伦敦后，就不想再从事办公室的工作了。"

萧卡尔又是一愣，他再次仔细端详着儿子：眼前已经是一个标准的男子汉了，他的一切想法都远远超出了做父亲的想象，自己再没有什么好担心的了："这样爸爸就没什么好说的了。你放心去吧！"

第二天，萧伯纳登上轮船，与父亲挥手作别，看着头发苍白的父亲的身影越来越远，心中笼罩着一种苍凉而无奈的情绪："再见了爸爸，再见了爱尔兰！"

初到伦敦母子团聚

伦敦被称为“雾都”，是英国的政治、经济、文化中心。伦敦的气候和伦敦独特的文化气息一样，都充满着浪漫迷离的风格。

曾经有位诗人感叹说：“谁厌倦伦敦，谁就是厌倦了生活！”

伦敦的天气对伦敦人的生活有着巨大的影响，伦敦人无论做什么事，先决条件一定是看天气是否允许。这使得伦敦人养成了一种习俗：见面必谈天气，无论是刚刚从外进来，还是两个人正站在大街上，开口一定是先问：“今天天气好吗？”

1876 年 4 月，“雾都”迎来了 20 岁的萧伯纳，一个背着唯一的绒毡行李的满怀憧憬的小伙子。

萧伯纳结束了长途航行，抵达伦敦港，他走下轮船，站在雾蒙蒙的伦敦街头，天生喜欢尝试新事物的萧伯纳一下就为这种神秘的气氛而欣喜了。

萧伯纳乘上了市内的马车。马车是伦敦当时主要的市内交通工具。车子走起来，马脖子上的铃铛“铃铃”作响。

而且伦敦人的想象力也体现在了他们的“公交”工具上，马车被涂成绿、棕、白、红、蓝、黑等各种颜色，每种颜色代表一条路线。

萧伯纳坐上车不久，就感觉出了与爱尔兰乘车的巨大差别：车上的乘客全都安静地坐着，互相之间不交谈，甚至都不会多看别人一眼。萧伯纳不由想道：“而在爱尔兰人之间，是没有‘陌生人’这个概念的，大家坐在一起都在热烈交谈，说一会儿话就都成了好朋友了。”

想到这里，他微微一笑，然后回过头去看向马车外面：透过薄雾，一幢幢三四层的楼房从眼前闪过，比都柏林那些低矮的房屋可高太多了！外面的街道很宽，马车都飞快地奔跑着，路边走着戴着礼帽的男人，他们都把背挺得直直的；而那些女子们，则穿着长裙轻盈地从眼前飘过。

车到西区的维多利亚园林，萧伯纳下了车，他背着行李，寻找母亲和姐姐住的地方。

伦敦的西区住的都是上等人，而东区则是贫苦人的聚居地。两个区的房屋也有很大区别：西区的住宅看上去舒适、整洁，到处可见美丽的花园、富丽堂皇的歌剧院、音乐厅，富态的贵妇人悠闲地牵着她的狗四处溜达，穿着时髦的年轻人昂首走过；而东区既没有歌剧院，也没有音乐厅，甚至连花园也没有，只有低矮破旧的房屋，街道狭窄肮脏，来来往往的只能看到一些拖着疲惫身躯的工人。

萧伯纳按着姐姐信中的地址来到了一座住宅前，他的心激动得狂跳着，上前急切地敲响了大门："妈妈！我是乔治，你在家吗？"

一阵细碎而急促的脚步声从远而近，门"吱呀"一声打开了，贝西出现在儿子面前：脸色苍白，身体瘦削，身着整洁合体的长裙，神情优雅。

5 年的思念一起涌上萧伯纳的心头，千言万语哽在喉头，凝聚成两个神圣的字："妈妈！"

贝西一下紧紧地拥抱住儿子："乔治，我的孩子！"儿子现在已经比母亲高出好多了，不再是当年那个都柏林的小男孩了，他结实有力的双臂抱住母亲，嗓音低沉浑厚。

屋子里，露西在急切地呼唤弟弟："乔治！"

贝西轻声对萧伯纳说："露西得了重感冒，卧床好几天了。要不然早就跑出来迎接你了。"

萧伯纳心头一震："啊！"他的心立刻提到了嗓子眼，他知道，一个凭嗓子吃饭的歌唱演员，感冒会使她深受损伤的。

萧伯纳放开母亲，立刻向屋内奔去，两条长腿三两步就来到门前，他听到一间屋里传出咳嗽声，“砰”的一声推开了房门。

眼前，露西正努力地抑制着咳嗽，微笑着向弟弟伸开双臂：她长发蓬乱，柔美的脸庞没有血色。

萧伯纳一时心如刀绞一般：二姐去世了，大姐一见面又是这个样子。他扑到大姐跟前，伏下身子拥抱住她：“姐姐！”

露西贴着弟弟结实但并不宽厚的胸膛，顿时一股温馨溢满了心田，精神也好了许多，她轻声对弟弟说：“你来了就好了。”

萧伯纳皱紧眉头，心疼地问：“怎么会弄成这样？”

露西看着高大的弟弟，欣慰中也饱含着辛酸：“没什么。演出频繁了些，伦敦的气候不好，天气阴冷，演出的时候又不能穿太多衣服。”

萧伯纳打量了一下房间，简陋的家具和朴素的摆设，就知道母亲和姐姐过得其实很清苦。

母亲靠在舞厅酒店唱歌，偶尔教授几个小学生的音乐为生，能够住在伦敦的西区这种高等住宅里，已经是难能可贵了。母亲只有住在这里，也才能招收到有钱人家的孩子。

能够和母亲、姐姐团聚，重新享受到妈妈的亲切照顾，萧伯纳非常开心。但他知道，自己作为这个 3 口之家唯一的男子汉，理应承担起支撑家庭的重任。他准备立刻就去找一份适合自己的工作，以缓解家里的经济困难。

屡遭磨难愈挫愈勇

萧伯纳到达伦敦之后不久，就收到了父亲寄来的汤森地产公司的工作鉴定书，这是他亲自去公司找老板开的。对萧卡尔而言，这是他唯一能帮儿子的了。

同时，萧卡尔每周都从磨坊生意寥寥无几的收入中挤出1英镑寄给萧伯纳。萧伯纳深知父亲的艰辛，他在努力地四处寻找工作。但是，他依然抱定自己的信念，不去找办公室的工作。而是到报社、杂志社、出版社去应聘工作。

这两个月来，他不止一次地敲开一家家报社、杂志社的大门，希望寻找一份文字工作。他自信地对接待他的人说："我相信自己的能力，我一定能干好这份工作！"

但人家却总是怀疑地瞧着这个年轻的异乡人："请问你是哪所大学毕业的？以前在哪家报社干过？"

萧伯纳坦白地说："我没有上过大学，以前也没有做过编辑或记者，但是我从幼年时就读过大量的名著，我懂得音乐和绘画，我的知识都是自学的。我相信……"

对方毫不客气地打断了他："对不起，我们不接收没有学历的人，请另谋高就吧！"

这天，萧伯纳又走在伦敦的街头上，他已经十分疲倦了，嘴唇干得都裂开了。

他来到一家报社门前："啊！泰晤士报社！这是一家驰名世界的报馆啊！"萧伯纳脸上露出一丝欣喜，他迈着长长的腿，几步就来到门前，推开门走了进去。

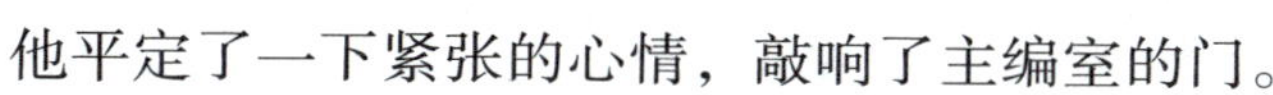

他平定了一下紧张的心情，敲响了主编室的门。

里面传出一个威严有力的声音：“进来！”

萧伯纳走了进去，他开门见山地对主编说：“先生，请问您这儿需要文字编辑吗？”

主编把身子向后靠了靠，从眼镜后面投射过两道锐利的目光，认真地打量了这位莽撞的年轻人一番。然后温和地问：“你想试一试吗？”

萧伯纳真诚地说：“希望您能给我一个机会。”

主编似乎被他的自信打动了：“你叫什么名字？”

萧伯纳也放松了一些，他的幽默劲又上来了：“乔治·伯纳·萧，20 岁，爱尔兰人，没读过大学，以前也没做过编辑，只做过 5 年公司职员。”

主编一下被他的回答逗乐了：“小伙子，泰晤士报社是不可能接纳无名之辈的，你能理解吗？”

萧伯纳庆幸自己遇到一位说实话的主编，他明白了主编的意思：想进这个圈子，光靠勇气是不够的，必须拿出成绩来证明自己。

两个月来积压在心头的愁闷和茫然一下子都被主编这句话冲散了，他从容地辞别主编：“先生，谢谢您的指点，我告辞了，请您留意一下这个名字：乔治·伯纳·萧。青山不改，绿水长流，前辈，后会有期。”

当夜幕降临的时候，萧伯纳回到了家中。客厅里还在响着那种初学琴者极不熟练的“叮叮咚咚”声，母亲还在教学生呢！

萧伯纳走进厨房，他找了块面包，就狼吞虎咽地吃起来。在外面奔波一天，又舍不得花钱下饭馆，他已经饿坏了。

学生们都走了，贝西发现厨房的灯亮了，就喊了一声："乔治！"

萧伯纳走出来："妈妈，有事吗？"他感到很难为情，他又白跑了一天，而且他已经打算近期不再找工作了。

母亲把他领进客厅，指着桌上说："你看那！玛丽安的父亲给你写了封推荐信。"

萧伯纳听母亲提起过，玛丽安的父亲在当地很有声望，他是一家银行的经理。这封推荐信，不知道母亲是费了多大的劲才求得的。

自从萧伯纳来到伦敦，贝西已经找了好些认识的人给他写推荐信，但他一封都没有用过。

萧伯纳看了母亲一眼："妈妈！"面对着母亲苍白而瘦削的样子，他欲言又止，因为他知道，现在由于一些家长都纷纷把孩子送到那些"十二课次速成"的歌唱班去，母亲已经越来越难招到学生了。

母亲的学生少了，家里的收入当然也就少了。

贝西看着儿子吞吞吐吐的样子，不由起了疑心："你到底到什么地方应聘去了？那些推荐的单位竟然没有一个愿意试用你吗？"

萧伯纳不想再隐瞒下去了，他决定向母亲坦白，他尽量放缓语气说："妈妈，其实我从来没用过您给我的那些推荐信。因为，我不想再做办公室的工作了。"

贝西吃了一惊，她一下皱紧了眉头："你说什么?!"她感觉儿子变得比当年更不可想象了。

萧伯纳努力说服母亲："妈妈，我离开都柏林来伦敦的时候，就已经决定不再从事浪费时间的办公室工作了。我已经浪费了宝贵的5年，所以从现在起，我必须抓紧时间，专心投入我毕生的梦想，去做我应该做的事，我想……"

贝西狂怒地打断了儿子："别说了！我！可惜我还……你真是你爸爸的儿子，你就跟着他学吧！将来成为一个一事无成的酒鬼就好了！"

说完，她转身走进自己的卧室，"砰"的一声把门关上了。

萧伯纳呆呆地站在客厅里，脑子里一片空白。过了好久，他才心情沉重地走进自己的卧室里。站在窗前，望着漆黑的暗夜，心里痛苦地呐喊着："为什么没有人理解我！"

他无心睡眠，坐在桌前，提笔给爱德华写信：

伦敦不是天堂。我在都柏林时曾抱着多么天真的想法！以为伦敦给爱好艺术的人们提供了充分的机会。最可笑的是，我的头脑近来被政治和宗教塞满了，简直避之不及！

伦敦有大礼拜堂620个，小礼拜堂423个，《圣经》讲堂291个，天主教堂90个！你知道，我对宗教向来是抱着讥讽态度，而现在却被迫时时和它打交道。伦敦的艺术气氛远没有原来想象的那么浓厚。

在伦敦，虽然暂时找不到艺术方面的工作，但我仍不打算去坐办公室。我准备潜下心来将我构思已久的小说写出来。

你是这个世界上唯一能理解我、欣赏我的才能和执着抱负的人。我虽然遭受了磨难，但一点儿也没有灰心，甚至越战越勇，激情满怀，因为我要征服伦敦！

代替别人撰写评论

时间一晃就是几个月，萧伯纳依然没有找到他理想的工作。

但是，他没有放弃。白天，他还是到处奔波，去各个报社、杂志社碰运气；晚上，他就点着蜡烛学习到深夜，积极充电，读名家的诗作和小说，研究乐理知识，还深入地进行物理和数学难题的解答。

可是，萧伯纳却无法来完成他自己的小说，因为他看着母亲和姐姐一天天地为生计而奔忙，自己心里感到很不安，因为家里又多了他这个正在长身体的男子汉吃饭，经济更加拮据了。

这时，李来找萧伯纳了。果然如露西所说，现在的李变了，他穿着时髦的绅士服，头发梳得纹丝不乱，崭新的礼帽托在手上。

萧伯纳非常尊敬他艺术的领路人："李叔叔，我这几个月因为一直忙着找工作，想等工作定下来再去看您。"

李一直很欣赏萧伯纳的才华，尤其是他富于创新、敢于反叛的个性和广博的知识、幽默的风格。

"我挂名在《大黄蜂》报当音乐评论员。这需要经常去看一些音乐会，才能写出相关的评论文章。但我实在太忙了，抽不出时间去听那些音乐会。乔治，我在都柏林的时候，就很欣赏你的文笔和才气。现在过了好几年了，我已经老了，而你却恰好长大了。你今天这么一说，说明你对艺术的狂热劲比当年更盛。怎么样，愿意写点儿音乐评论文章吗？如果你愿意，就替我去听听音乐会，写写音乐专评，稿费算你的，但必须署我的名。"

萧伯纳喜出望外，他早就听姐姐说过，李在伦敦音乐界有很高的知名度，兼职好几家评论杂志的自由撰稿人。

萧伯纳兴奋地连连点头："谢谢您，李叔叔，我愿意干！"

本来萧伯纳对作品署李的名有些反感，但是他想，这毕竟对自己是一个锻炼机会。将来，自己不愁没有机会写出署着自己名字的文章。

于是，萧伯纳拿着音乐会的代理商送来的入场券，来到一个指定的音乐厅听音乐会。

他的心里有与以前听音乐会不同的感受："这次可不能单纯欣赏了，听完之后，还要写专评文章呢！"

这是一个三流音乐厅，里面非常闷热，煤气灯闪着刺眼的白光。萧伯纳在包厢里闷得快要受不了的时候，音乐会才刚刚开场。

大幕缓缓拉开，一架旧钢琴后面，坐着一个无精打采的犹太人。

萧伯纳一下就皱紧了眉头，失望地对自己说："这演奏也太空洞而乏味了，没有一点音乐的灵气。看第二个节目怎么样吧！"

冗长的钢琴终于在差点没让观众昏睡过去的时机停止了，接下来交响乐队上台。萧伯纳精神一振，坐直了身子。他最喜欢交响乐了。

这时从台后走上一位打着花领带、穿着时髦燕尾服的中年男子，他彬彬有礼地向观众鞠躬示意。萧伯纳知道这就是指挥，演奏马上就要开始了。

随着燕尾服的指挥棒一抬，音乐响彻了大厅。但是，萧伯纳的心却也随着高亢的音乐慢慢沉了下去："这个指挥根本不理解乐曲的深意，整个乐章听起来华而不实，就像指挥那条蹩脚的花领带一样。"

还没等音乐会结束，萧伯纳就仓皇退场，离开音乐厅。

不久，读者们就被新一期《大黄蜂》上面的音乐评论栏的文章吸引住了。那篇短小的文章，毫不客气地批评音乐会缺乏魅力，并一针见血地指出了各个细节的拙劣表现，语言犀利而幽默。大家读完后，都大呼痛快："范达勒尔·李终于露出了一个音乐大师的风采！"

萧伯纳的一篇篇评论文章，也极大地推动了《大黄蜂》的发行量，读者都对这只勇敢露出螯针的“大黄蜂”表现出强烈的热爱。

而音乐会的代理商们则为此大伤脑筋，他们已经被这只毫不留情面的“大黄蜂”蜇得体无完肤，一天天担心，但他们仍然无法脱离这种难堪的局面，正如“大黄蜂”所言：“整个伦敦音乐界连一个有魅力的指挥也没有！”

终于，代理商们的机会来了：一直受伦敦音乐界排斥的德国作曲家瓦格纳要来伦敦开音乐会了。

萧伯纳从小就喜欢瓦格纳的歌剧，尤其欣赏他独特而新颖的风格。这次，他怀着极大的兴趣观看了演出。

瓦格纳的音乐会安排在富丽堂皇的艾伯特大厅举行。瓦格纳走上台来，高大魁梧的身材，神情潇洒，一举一动都带着大师的风范。他威严地扫视了一下听众，然后把指挥棒一挥，优美的音符就喷薄而出。

观众们听得如醉如痴。萧伯纳注意到，瓦格纳本人也沉醉在自己的指挥中，他在音乐的海洋里尽情地遨游，全然忘掉了身外这个世俗的世界。

第二天，伦敦的报界一致诋毁瓦格纳的表演，说他是“三流作曲家”“单调不和谐的音乐骗子”，指责他的作品“全都是吟诵调”。

《大黄蜂》的专评没有附和伦敦音乐界，萧伯纳写出了一篇与众不同的瓦格纳音乐会专评，极力推崇他是一位出色的作曲家和伟大的指挥。

这一下，伦敦的音乐界被激怒了，各种报刊上都纷纷发文攻击《大黄蜂》；音乐会代理商也不愿继续赠送入场券了。于是，萧伯纳在《大黄蜂》的音乐专评生涯也就结束了。

首部小说遭受冷遇

1879年，23岁的萧伯纳离开《大黄蜂》之后，又加入了失业大军之中。

这时的伦敦，其实并不是艺术家最顺利的时代，因为1879年的伦敦遭受了一次到1931年才重见的不景气的大打击。

失业像割麦子那样把人们的职业割掉了。过去一年的春天灾情很重，对农民来说是一个世纪来最坏的季节。商业濒于破产；那些过去把橱窗堆满货品的小商人，现在只好望着空空无物的橱窗发愣。

娱乐场所都缩小了规模或者关门大吉；人们唯一群集的地方就是酒馆，甚至在这种地方，大多数的人也是买不起啤酒的。

由于情况糟糕，富人担心穷人会起来造反。一些有识之士取消了一切宴会、舞会和聚会。威尔士亲王，即后来的爱德华七世也帮助搞救济工作。

食物、煤、柴、蜡烛的市价高涨不止。工厂纷纷倒闭，伦敦和西北铁道公司辞退了5000名工人。6000名利物浦码头工人举行大罢工。接着，格拉斯哥和西方银行破产了，几乎使整个英格兰岛都沦亡了。

萧伯纳看到工作如此难找，他心中那个固执的念头又强烈地冒了出来：写自己的小说！

萧伯纳从小就喜欢小说这种文学体裁，他曾经对爱德华说过：

小说这种体裁，篇幅长，手法多，可以充分表现自我，探讨人生的重大问题。我一直梦想着自己能写出一部辉煌的小说，给读者许多人生意义的启发。

这一年在《大黄蜂》写音乐评论的成功，更给了萧伯纳自己创作小说的勇气和信心，他回到家，在客厅里对母亲说："妈妈，我决定不去找其他工作了，专心实现自己的梦想。"

贝西知道儿子的个性，再说什么也难让他回头，只有他自己撞了南墙才能悔悟，她淡淡地说："那你试试看吧！"

萧伯纳不好意思向母亲要钱买好的稿纸，他用父亲给他寄来的钱，买了一些非常廉价的"戴米"牌四开稿纸，就动手写起来。

他为自己的处女作取名《未成熟》，这也包含着他说明自己还年轻，在成长过程中遇到许多无法排解的各种矛盾，从而内心感到痛苦、彷徨的意思。

萧伯纳严格规定自己的写作进程，他每天必须写满5页稿纸才停下来，一天1万字左右。

萧伯纳不打算在这部小说中构思太复杂的情节，因为他知道，凭自己的阅历，在目前这并非所长。而以自己擅长的幽默的语言风格来嬉笑怒骂，用大段的独白来发泄内心的冲突。

一连7个月，萧伯纳不停地写，不停地思索，每天下来，他都累得腰酸胳膊疼，眼睛发胀。但是，他始终被一种创作的激情和喜悦充溢着内心，从未减少过每天的工作量。

深夜，伦敦的寒风从窗口吹进来，萧伯纳不由打了个寒噤，他站起身，从床上取了块旧披肩搭在背上。

凌晨时，肚子饿得"咕咕"直叫，萧伯纳在桌边的盘子里拿了一块黑面包，一手送进嘴里，而拿笔的那只手并没停下。

7个月，萧伯纳的脸色一天天失去血色，脸颊也一天比一天瘦削，但是，桌上的稿子却一天天变高。

这天的凌晨3时，《未成熟》终于脱稿了！也许是下意识的动作，萧伯纳把手中的笔扔了出去！

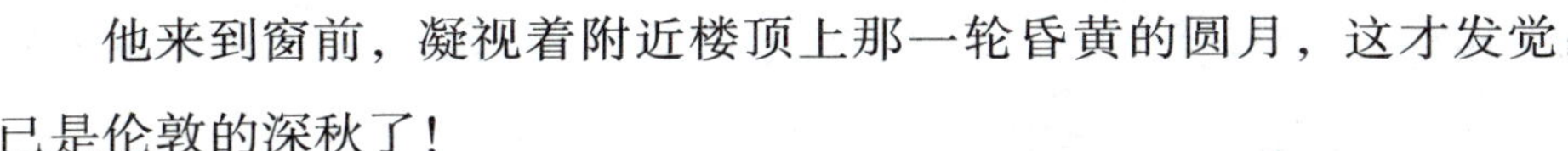

他来到窗前，凝视着附近楼顶上那一轮昏黄的圆月，这才发觉：已是伦敦的深秋了！

第二天，萧伯纳抱着一个大大的纸袋，里面装着《未成熟》厚厚的书稿。他满怀信心但又兴奋得有些忐忑，敲开了一家出版社的门。

“请进！”里面一声喊，萧伯纳走了进去。

胖胖的出版商抬起头来，等他看清萧伯纳时不由大吃一惊：这个年轻人又高又瘦，脸色苍白。

出版商明白萧伯纳的意思，看来他已经接待过不少这样的文学青年了。他不等萧伯纳说明来意，就伸手把纸袋接了过去，拿在手里掂了一下分量，随便问着萧伯纳：“什么故事？惊险案例、传奇探险、凄美爱情，还是海盗系列？”

萧伯纳不由愣了一下，然后轻轻地摇了摇头：“都不是。书名叫《未成熟》，写的是一个年轻人的成长历程……”

出版商不等萧伯纳说完，就把纸袋扔到他手上，挥手说道：“我们不出版这类小说。这种书现在谁爱看？”

“不过您听我说……”

“好了好了，你说什么我总之是不出。”

随后，萧伯纳先后将《未成熟》寄给 10 家出版社。但是，他们竟然都不愿意耐下心来好好读一下，更不用说出版了。

萧伯纳又伤心又绝望：“这可是我 7 个月的心血啊！为什么人们无法认识到这本书的价值呢？”

他没有灰心，又鼓起勇气来到了第十一家出版社。这次，也许是他的诚意感动了上天，书稿终于被出版社收留了。

虽然对方说：“我们读一下再与你联系。”但是萧伯纳的心中立刻充满了喜悦，多日的愁闷一扫而光，他想：“等你们读过之后，就会发现这是一部不可多得的佳作了。”

萧伯纳一路吹着口哨，使得电车里的人也都被这个年轻人的好心情感染了，他们伴着金黄的秋色与萧伯纳相和。也许，是萧伯纳那悠扬动听的口哨声起了作用吧！

过了几天，萧伯纳就收到了出版社寄给他的一封长信：

在众多堆在出版社请求出版的小说中，我们认为您这部并非出色之作；虽然每个作者都相信如果出版社出版了他的大作，一定会大获成功，但是，作为出版社，我们很清楚书稿的优劣。我们对您的稿子比较感兴趣，但是，您还必须修改某些章节。

萧伯纳知道，在小说出版过程中，修改是很正常的。他满怀希望开始修改自己这本饱经磨难的处女作。

修改工作同样是异常辛苦的，他常常会为某个细节而绞尽脑汁，经常将满页稿纸都改得面目全非，不得不重新抄一遍。有时候，他为了某个章节而彻夜难眠，写完一页又撕掉重写。萧伯纳感觉，他几乎是把整部作品重新创作了一遍。

多少个清晨，贝西走出卧室，都看到萧伯纳正在洗手间用冷水洗脸，他的眼中布满了血丝。她不由得摇头叹了口气，心疼地说："乔治，你又一夜没睡吗？"

而儿子却似乎并没听见，还在出神地想着什么。偶尔会漫不经心地"哦"一声。

贝西赶紧煮好牛奶，给萧伯纳端到卧室里去，她看到儿子伏案写作，根本没有抬头顾得上搭理她。贝西不由得有些生气了："乔治，你这样不顾惜自己的身体哪行呢！以后不准再熬夜了！你看你瘦得都不成人样了。"

萧伯纳只好停下来，抬头诚恳地对母亲说："妈妈，这是我的第一部小说，而且难得有出版社答应改好后出版，我必须精益求精，加

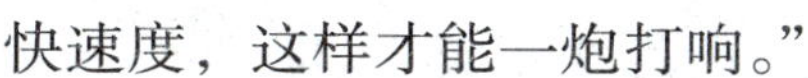
快速度，这样才能一炮打响。”

贝西知道儿子这倔劲又上来了，她只好叹口气，摇着头走了出去。

但是，当萧伯纳的修改工作快接近尾声时，出版社突然给他来信，说：“非常抱歉！鉴于当前的出版形势，我们不想出这部小说了，请原谅。”

萧伯纳简直要被这封信击昏在地，他像疯了一般在房间里走来走去：“这群无耻的家伙，怎么能这样没有一点诚信呢！”

狂怒之下，萧伯纳几乎要将这部书稿一把火烧得精光。但这可是他的梦，他的宝贝，他的心血和希望啊！烧掉它，就意味着烧掉了自己的梦想！

萧伯纳终于冷静下来，把稿子装进纸袋，细心地珍藏起来。

被迫就业痴心不改

萧伯纳自从自己的第一部小说被 12 次退稿，就又恢复了散步的习惯。

将近一年了，他一直在不停地伏案写作，几乎没有亲近过大自然了。但萧伯纳一直是多么热爱在户外运动啊！现在，他独自在夜风中穿行，心中充满了苦闷："在都柏林时，父亲虽然生意不好，但我们经常进行户外游玩。闯荡伦敦文坛的路竟然是如此艰辛，难道我真不适合搞文学？难道我的才华还是不够？"

萧伯纳更大的苦闷在于，伦敦找不到可以倾诉心声的知己朋友，更没有一个睿智的导师来为他指明前进的方向。第一次的创作热情被迎头一盆冷水浇灭，他陷入痛苦的煎熬之中无法自拔。

而且，家里的生计日渐窘迫，迫使他不得不放弃第二部小说的创作，当务之急是尽快找一份工作来改善家庭生活。

看来，走文艺创作这条路是行不通了，萧伯纳只好取出父亲寄来的在汤森地产公司的工作鉴定书，再次应聘办公室的工作。

不久，他运气极好地在伦敦爱迪生电话公司找到了新的工作。

1879 年，电话刚诞生不久，正处于宣传推广阶段。萧伯纳在爱迪生电话公司的工作就是劝说伦敦各种商店的老板，说服他们让公司把电话线安装在他们的房顶上；并且还要征得沿线居民的同意，让电话杆竖立在他们的院落里，以便架设电话线。

但是，当时的电话的通信性能相当差，通话中夹杂着一片"嗡嗡"声，有时根本听不清对方在讲什么。而且，保守的英国人一点也不愿意在自家院子里或者房顶上竖上一根难看的木头柱子。因此，电

话公司的推广工作异常艰难。

萧伯纳运用他多年的办公室工作经验，和人谈判时很讲究技巧。他态度温和，语言幽默，使人如沐春风。那些本来嚷着“没有电话我们也一代代活了过来”的英国人都被他说得开心一笑，谈判中的紧张气氛就被冲散了。

接着萧伯纳就说：“安了电话之后，你不知道人们的生活就会有多么方便，特别是遇到咱们伦敦的阴雨天，有什么事不用出家门就都搞定了。”

那些紧绷着脸的保守者终于被萧伯纳说得破颜而笑，再也不忍心为难这个开朗文雅的年轻人了，因此电话线的铺设工作迎刃而解。

电话公司的老板注意到了这个能干的年轻人，决定委以重任。几周之后，萧伯纳就荣升为外务股股长，年薪也从 48 镑提高到 80 镑，还为他自己安排了办公室，以此拢住他不被其他公司挖走。

萧伯纳每天工作之余，和整个休息天，为了满足旺盛的求知欲，他经常去大英博物馆阅读感兴趣的各类报刊书籍，从来到伦敦之后，萧伯纳就成了大英博物馆的常客。

他深知自己接受的正规学校教育非常有限，现在没有人可以指教他，也没有朋友可以探讨，虽然在家庭的熏陶下，他对音乐、美术、文学有了一些初步的了解，但这些知识毕竟是零散的、不成系统的，这就像一些散落在沙滩的珍珠，必须有一位出色的

工匠精心地打磨，然后串成一件完美的艺术品才行。

认识到了这些不足之后，萧伯纳就利用一切空闲时间努力自学，力求达到那些名牌大学优秀生的水平，甚至要远远超过他们。

在工作之余，萧伯纳饱览了大英博物馆那些丰富的藏书：自然科学、人文科学、社会科学等，他如鱼得水，如饥似渴，常常是第一个进馆，最后一个出馆，甚至都不回家吃午饭。

萧伯纳读书自有独特之处。他全凭自己的兴趣来选择书籍，从不逼着自己去读那些自己不感兴趣的所谓经典。

而他的兴趣又涉及了音乐、美术、文学，后来甚至发展到物理学、机械工艺、经济学、数学等，所以他经常是面前摆着好几种书轮换着读：一会读作曲家瓦格纳的五线曲谱总集；一会又拿过高等数学演算几道难题；一会又皱着眉头思索《资本论》中的相关论点。

周围的读者都奇怪地看着这个年轻人，搞不懂他到底是学什么的：有人说他是音乐专业的，有人说他是哲学专业的，还有人确凿地认定他是一个年轻的数学家。

正是凭着对知识的痴迷，萧伯纳完全靠自学精通了音乐、绘画、文学，阅读了达尔文的《进化论》，马克思的《资本论》，还自学了德语、法语和拉丁文等。后来萧伯纳曾经说：

> 马克思打开了我的眼睛，让我看到历史和文明的事实，给了我全新的宇宙观，给了我生活的目标和思想。我曾经是一个懦夫，是马克思使我成为共产主义者，使我获得了一种信仰；马克思使我变成一个真正的人。

对一些社会团体组织的现实问题讨论，他也想方设法参与。并由此结识了许多人。

在此期间，萧伯纳开始尝试美术、音乐、戏剧方面的评论和小说创作活动，后来经威廉·阿契尔的介绍，给《明星报》和《星期六评论》周报撰写过一些音乐、美术等文艺方面的评论文章。

萧伯纳又一次展示了他的商业才能，家里的生活也明显得到了改善，母亲也展开苦眉露出笑脸，为儿子的能干而满足。

但是，当萧伯纳下了班回到自己的卧室的时候，他却总是感到前所未有的失落感："我现在到了伦敦，却仍然回到了从前的职业中，这种成功我没有丝毫的成就感，现在的工作就像一个海盗在强迫人家接受公司的意见，又像一个百货公司推销员那样花言巧语，想尽办法让人家把钱从口袋里掏出来。"

他只有在阅读小说或者弹起钢琴的时候，心里才会得到宁静和快乐，全身心地沉浸在文学和音乐中。不过这种快乐毕竟是暂时的，明天一早，他又不得不重复那令人厌烦的推销经验。

巨大的经济衰退，就像瘟疫一样席卷了英国。爱迪生电话公司终于也支撑不住了，最后被培尔电话公司收购。

培尔公司吞并了爱迪生电话公司之后，必须裁掉大部分原来的老职员。而在这种经济形势下，一旦失业，就意味着永远找不到工作，甚至最后冻饿而死，除了萧伯纳之外，每个原公司的职员心中都笼罩着浓浓的阴影。

公司的职员们每天都在关心议论着谁将有幸被留下来重新录用。但萧伯纳却依然像平时那样，整理公司的顾客资料，查看回访信息，一点没有大难临头的慌乱感。

同事们都很羡慕他："萧先生肯定不用担心，刚上班几个月就被老板重用，现在新旧老板正在磋商有关交接事宜，新老板当然还会聘用他。"

当录用名单公布之后，萧伯纳果然榜上有名。他却平静地把自己整理好的资料交给新老板，镇定地说："先生，感谢您的赏识。但是我不想再继续做商务工作了。"

全公司的人都被萧伯纳这一匪夷所思的举动搞蒙了，他们带着满脸的惊愕与萧伯纳握手道别，并用迷惑不解的目光看着萧伯纳高大的身影逐渐消失在伦敦的迷雾中。

萧伯纳这个决定并非一时头脑发热，也并非为了充当英雄，他是苦思多日作出的慎重选择：

这7个多月的重操旧业，我更切实地认识到，我天生就是为了艺术而来，只有在艺术中，我才会有真正的快乐、充实和满足；丰厚的物质回报，无法弥补我在那些厌烦的工作中的空虚，只会让我感到乏味和可笑。

现在是我脱离它的好机会，我要横下心来写我的小说。就算以后我饥寒交迫，面对如何的艰难困苦，我都要牢牢记住这7个月来心灵上的不愉快，始终与我钟爱的文学艺术相依为命。

萧伯纳的从容状态一直保持到走进家门。当他面对母亲的时候，心里仍然泛起了痛苦的内疚。他努力挤出一丝微笑，就像在说一件平常的事一样对母亲说：“妈妈，咱们又要过苦日子了。我很对不起您，我又辞职了。”

这一段时间，贝西早就注意到萧伯纳一直紧锁着眉头，好像在苦苦思索着一个难以决断的重大问题。现在他终于坦白说明了，她也清楚了儿子的苦衷：“乔治呀，你真是痴心不改！”

五年磨剑苦心自学

辞职之后，萧伯纳更坚定了自己的目标，他义无反顾地，全身心投入到小说创作中。

在大英博物馆自学的时候，由于没有导师对萧伯纳施加影响，因此他读书的时候，头脑里就没有既定的框框，绝不会陷入到某种论点中。而且，他天生就是一个怀疑和叛逆精神极强的人，带着大胆的怀疑来读书，并勇于坚持自己的观点，这就避免了钻入一种特定的领域中的学究气，并形成了自己活泼清新的风格。

萧伯纳的第二部小说取名《不合理的结合》，故事说，一个女学员在生活的重压之下，慢慢地喜欢上了饮酒，并最终在贫困饥饿的绝境中悲惨地死去。

这部小说主要是从姐姐露西那里听来的一些她的同事的生活经历，加上自己的构思和想象，并加以预测。由于他又经过了一年多的业余写作尝试，再加上自学了多领域的知识，所以写得非常快，5个多月就脱稿了。

萧伯纳又兴冲冲地把书稿寄给了出版社，结果依然如上一部一样的命运，没有回音。他连续投了好几家出版社，终于有一个编辑给他回信了：

> 这是一部使读者极不舒服的小说。作者自认为在描述生活，实际上他根本不知道生活是什么。

“生活是什么？”带着这种疑问，萧伯纳又一头扎进了他称为

“没有围墙的大学”的大英博物馆里。

这次，萧伯纳着重去看博物馆中的那些实物展品。

大英博物馆除了10万册藏书，还有各种各样的展览室：如化石展览室、出土文物展览室、书画碑刻展览室、生物标本展览室、木材展览室等，藏有来自世界各地的稀世珍宝。

萧伯纳参观、研究这些实物，常常陷于巨大的震撼之中。他感叹世界的浩大和神奇。在这里，他第一次见到了石器时代人类的劳动、生存工具，古朴的石器放射着神秘而沧桑的光芒。

萧伯纳最为心动的是其中的两个展览室：中国玉器、瓷器展览室和中国线装书展览室。从看过这些美妙的中国珍品开始，萧伯纳就强烈地迷上了这个神秘遥远的东方大国。

萧伯纳在这所“没有围墙的大学”里迅速地汲取着知识，使自己在知识和人格两方面完善起来，为自己今后的发展奠定了雄厚的根基。

当时，萧伯纳的家庭已经到了穷困的边缘，而维多利亚园林区住宅的房租又特别昂贵，他们只好搬到了菲茨罗伊街一幢房屋的楼上，当时，房间里空荡荡的，甚至一些必需的家具也没有，贝西也更难以招收到学生了。

但是，贝西是一位有教养的女性，也是一位通情达理的好母亲，她咬紧牙关扛着家庭的全部生活负担，从来没说过一声辛苦，儿子虽然一年一年地圆着似乎毫无希望的梦想，但她从未再埋怨过他。

这时，萧伯纳已经穷困潦倒。写作这几年，他只赚过5英镑15先令6便士，这还是一位律师朋友委托他写的一篇关于药品买卖问题的文章的稿费。

这几年，他们一直依靠变卖外公留给萧伯纳的5000英镑遗产来维持生活。萧伯纳一直穿着那一身旧衣服，没买过一件新衣服。

萧伯纳戴着一顶大礼帽，由于戴的时间太久了，前面的帽檐变得

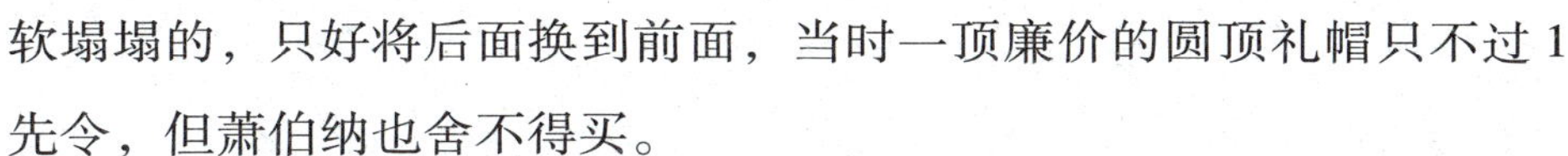

软塌塌的，只好将后面换到前面，当时一顶廉价的圆顶礼帽只不过 1 先令，但萧伯纳也舍不得买。

他身上穿着一件袖口早已磨破了的上衣，每次外出时，他不得不拿出母亲的剪刀来仔细地修整一番，以免袖口上耷拉着烂糟糟的线头。

萧伯纳脚上的靴子早就破旧得变了形，就像刚刚从东区的垃圾堆里捡回来的一样。

屡遭挫折放弃小说

接下来的3年中，萧伯纳又相继创作了3部小说：《艺术家的爱情》《凯雪尔·拜伦的职业》《业余社会主义者》。

《艺术家的爱情》是萧伯纳受到自己的初恋刺激有感而发。

当时，萧伯纳的舅舅瓦尔特已经不再从事轮船上的工作了，在伦敦当家庭医生，其中有一个家庭就是洛克特家。当瓦尔特得知洛克特家的大小姐琼·伊丽莎白·洛克特喜欢文学，并且写了一本小说之后，就不断地谈起他的外甥："我的外甥乔治可是个才华横溢的青年，他已经写了两三部小说！"

琼对此很感兴趣，于是通过瓦尔特介绍认识了萧伯纳。

夏日的一个傍晚，萧伯纳受琼·伊丽莎白·洛克特小姐的邀请，到她家中做客。

萧伯纳欣然前往，主人与他说笑着走进客厅时，椅子上站起一位美丽清纯的女孩，向他从容致礼。萧伯纳一下就被她那优雅柔美的姿态吸引了。

琼向他介绍说："这是我的妹妹安丽丝，她也是一个文学爱好者。"

萧伯纳的眼睛从此再也难以从安丽丝的身上移开了："真美啊！她美得如此超凡脱俗，就像湖面上一朵迷人的出水芙蓉。"

在爱情的鼓励下，萧伯纳谈兴大发，他生平第一次意识到自己竟然是如此的健谈，他很得意于自己的妙语连珠，惊讶于自己的新奇见解，并欣赏自己的风趣脱俗。

琼和安丽丝也被萧伯纳丰富的学识和幽默的谈吐所深深吸引，并

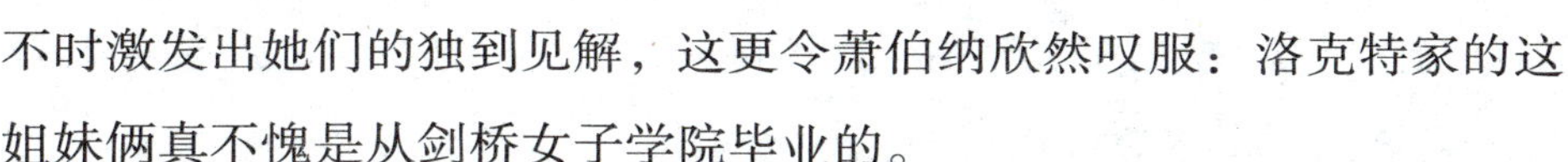

不时激发出她们的独到见解，这更令萧伯纳欣然叹服：洛克特家的这姐妹俩真不愧是从剑桥女子学院毕业的。

当晚，他们一直兴致勃勃地谈到深夜，萧伯纳还为姐妹俩弹奏了一曲贝多芬的《月光曲》。

萧伯纳与安丽丝互相倾慕，不久之后，安丽丝就成了萧伯纳母亲的学生，这样两个人能够经常见面，爱情的火焰也就越烧越旺了。

但是，这段恋爱从一开始就注定不会有美满的结果。因为安丽丝是一个很现实的女孩，而萧伯纳太穷了，他连一套像样的衣服也买不起，他的小说一直没有出版商愿意出版。他根本无法为她提供舒适优裕的生活。于是，安丽丝的心渐渐冷却了，她开始疏远萧伯纳。

这种心态之下，两个人的矛盾也越来越深，相识3年之后，两个人终于各奔东西了。但是，两人没有成为恋人，却建立起了深厚的友谊，并成为长久的好朋友。

而第三部小说《凯雪尔·拜伦的职业》，则取材于萧伯纳自己在内德·唐纳利门下与帕克南·贝蒂一起学习拳击的经历，塑造了一个以教练唐纳利为原型的栩栩如生的形象。

贝蒂是萧伯纳的好朋友，他喜欢写诗，还出版过诗集。贝蒂疯狂地热爱拳击，但又苦于没有对手进行练习，就怂恿爱好体育运动的萧伯纳参加了伦敦体育俱乐部，一起拜在著名拳击师内德·唐纳利门下为徒，接受严格的训练。

两个人同门学艺4年多了，除了探讨文学，就是在拳击台上一分高低。

哨声一响，萧伯纳袒露着上身，沉着冷静地走上了拳击台。而贝蒂则早就等在台上，他正虎视眈眈地盯着这个比自己高、比自己瘦的对手。师父唐纳利做裁判。

唐纳利做了一手势："开始！"

萧伯纳与贝蒂便闪电般地冲出拳，战在一起。萧伯纳3记直拳

“砰、砰、砰”眨眼间连落在贝蒂的胸口。贝蒂面对着比自己身高臂长的对手，不得不采取防守反击的战术。

萧伯纳一看对方加强了防守，便加快了进攻节奏，因为他知道对方体力要强过自己，久攻不下自己必然吃亏。因此必须尽快将其击倒。

萧伯纳故意装作很急躁，卖了一个关子。

贝蒂面对如此良机，岂能放过？他迅速使出一记勾拳，直捣萧伯纳的下颌。

萧伯纳心道：“来得好!”在贝蒂无法再改变拳势时，他突然闪过，以一记同样迅猛的勾拳后发先至。

贝蒂躲闪不及，被“砰”地击个正着，他身体摇晃，步法散乱，萧伯纳又一记直拳迎面而至，重重地击打在贝蒂的面门。

可怜的贝蒂，魁梧的身躯轰然倒下。

裁判一下一下读秒。贝蒂痛苦地挣扎了几下，终于头一歪，无法站立。

萧伯纳双手举起，高呼胜利绕场一周，遗憾的是并没有一个观众。

原来，贝蒂一直劝技术比他高明的萧伯纳一起参加将在昆斯伯里举行的业余拳击冠军赛，但萧伯纳却对此一点也不感兴趣，贝蒂这次也只好使了个苦肉计。

贝蒂长舒一口气说：“乔治，你真厉害，这回同意参加拳击比赛了吧?”

萧伯纳心里一动，不由为帕克南的苦心感动了：“贝蒂，快起来吧！我答应了。”

但是，贝蒂在昆斯伯里的预赛中就被一个肌肉发达、体格强健的对手几下就击倒在地，以彻底失败而告终。萧伯纳就坡下驴，也乐得放弃了比赛。

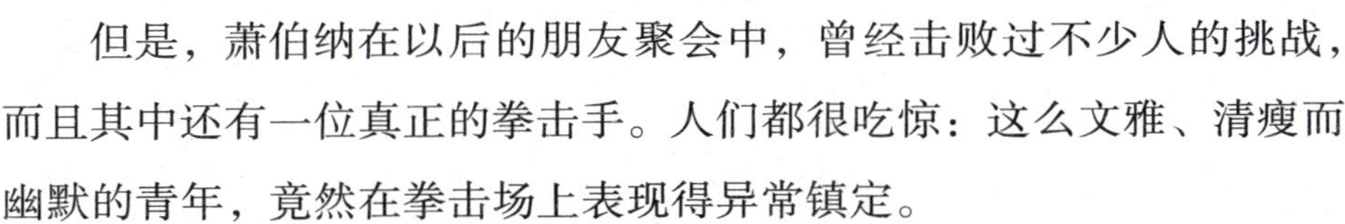

但是，萧伯纳在以后的朋友聚会中，曾经击败过不少人的挑战，而且其中还有一位真正的拳击手。人们都很吃惊：这么文雅、清瘦而幽默的青年，竟然在拳击场上表现得异常镇定。

在《凯雪尔·拜伦的职业》中，萧伯纳借主人公之口，解释了许多人都迷惑不解的问题——为什么他能够在台上镇定自若：

> 用不着虚张声势去吓唬人，你只要摆出恰当的姿势，让别人去张牙舞爪！让他们用想象中的东西去吓唬自己就是了。哈哈！

结果，这3部小说与它们的“哥哥”遭受了同样的噩运，全部石沉大海，无人问津。因为这5部小说都是阐述了萧伯纳对人生、爱情、事业、信仰的理解，虽然小说中闪烁着哲理性和幽默的光辉，但是人物形象非常模糊，没有鲜明而丰富的个性。

5年来，萧伯纳在一次次尝试之余，他从小说的命运中悟到：“我是真的不适合写小说。”因此，他决定不再写小说。

但是，经过这5年的磨炼，萧伯纳真正成熟了，他不仅文笔老练了许多，形成了自己独特的风格，而且视野开阔多了，突破了个人生活的小圈子。

其实，第五部小说《业余社会主义者》已经摆脱了前四部中局限于个人生活经历的狭隘性，而将眼光从个人扩展到了社会群体，开始关注社会问题。只是萧伯纳自己没有意识到而已。

这5年间夜以继日地写作、思索，使萧伯纳已经对文学有了深切的体验，具备了一个大手笔作家应该具备的素质。

成为出色的演说家

1879 年秋天，萧伯纳在朋友詹姆斯·莱基的邀请下，加入了一个叫作考求者学会的辩论会。

当时辩论会是很时髦的一种组织，有各种各样的组织，代表着各种各样的主义，他们都拼命宣传自己的主义，发表本组织对社会各个方面的见解。

街头、公园、会议厅、码头只要人多的地方，就一定有人在举办演讲会。其中最著名的是伦敦辩证学会，专门讨论约翰·斯图尔特·米尔的论文《自由》的原理。这个团体一直主张男女平等。它已经成立多年了。

而考求者学会则是一个成立较晚的辩证学会。萧伯纳在听了几场辩论会之后，才壮起胆子发表了自己的见解。他移动着发抖的双腿站了起来，在一种可怜的、胆怯不安的状态中，第一次当众演说。

萧伯纳两眼紧张地盯着天花板，嘴里含混不清地说道："先生们，我的观点是这样的：罚款对惩处罪犯不是卓有成效的方式。"

听众们很快就感到不耐烦了，人们开始议论，萧伯纳的声音几乎被淹没在一片"嗡嗡"声中。萧伯纳惊慌失措地讲出了几个理由，然后坐下来时，觉得自己就像个十足的傻瓜。

这时，却有一个与他年纪差不多的年轻男子站了起来，铿锵有力地陈述他的观点，很快就将听众的情绪调动起来，鼓掌声、欢呼声不绝于耳。

而萧伯纳惊讶地发现，这个人的观点和理由与自己几乎完全一样。他想道："为什么他成功了，而我却弄得一团糟呢？原来演讲还

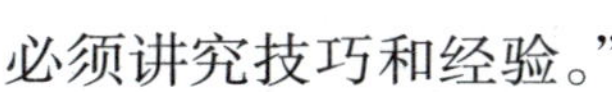

必须讲究技巧和经验。”

萧伯纳发誓非要一雪这种耻辱，他发誓以后的每星期都要当众演说，心里发狠说：“要么我就完全掌握演说的艺术，要么就使我一想到在大庭广众之间演说，就会因受重大打击而死掉。”

当晚回到家里，已经是深夜了。萧伯纳发现母亲的房间里还亮着灯，就轻轻地敲响了她的门：“妈妈，您还没睡吗？”

贝西柔声回答：“没有，乔治，你进来吧！”

萧伯纳走了进来，贝西一看他那吞吞吐吐的样子，就知道儿子又遇到了难题，于是含笑看着他。

“妈妈，您虽然已经50多岁了，但声音依然圆润好听。我想让您教我练发声。我发觉自己讲话时发音不清晰。”

贝西深感不解：“你要学发声？干什么？你都20多岁的大小伙子了，怎么忽然又注意起自己的发音来？”

“您别多问了。”

贝西知道儿子此举肯定有自己的深意，也没有多问，点头应允了。萧伯纳一有空闲就向母亲学习如何换气、吐字，他成了母亲最聪明、最勤奋、最虚心的学生。

与此同时，萧伯纳还一直关注伦敦星期天的报刊，因为那里常常刊登整栏的辩论会通告，萧伯纳记下了他感兴趣的辩论会的时间和地点，按时出现在各种各样的辩论会上。这时，他还加入了斯托普福特·布鲁克的辩论会，即贝德福德学会。他闯进那些在南区小教堂举行的会议，因此他就从小会议室升级到公众大厅了。

在耀眼的煤气灯的照射下，萧伯纳抓住每一个机会锻炼自己，训练自己掌握听众情绪的能力，虽然还是经常遇到听众不买账的尴尬，但他仍然坚持不放弃。

正当萧伯纳深深地忧虑自己的演讲水平进步不快时，莱基介绍他认识了老资格歌剧歌唱家理查德·德克。他是法国著名陶器制造家德克的兄弟。

萧伯纳向这位老人倾诉了自己的烦恼，德克胸有成竹地说：“我会告诉你革新自己嗓子的方法。”

德克教会了萧伯纳三样东西：一、把他的头发向后直梳，而不再像维多利亚中期的妇女那样把头发贴在前额上；二、怎样发法语的元音，而不发英语的双元音；三、演说的时候怎样发辅音和加重辅音。

经过这样一改造，萧伯纳完全变了一个形象，他自己对着镜子一看，精神不觉一振，确实，头发这样一改梳，立刻就显得神采飞扬了。

德克笑着说：“记住乔治，演讲靠的是一种从容镇定的气势。”

为了练习演说，萧伯纳常常参加公共集会。

1882 年 9 月 5 日，他到法林顿大厅，在那里，济济一堂的观众正在听美国经济学家亨利·乔治的演说。

亨利·乔治的《进步与贫困》是当时一部销路最好的著作。他在书中提出了一个“通过资产阶级国家土地国有化的方法来消灭贫困”的空想计划。

萧伯纳非常欣赏这本书，并且认真阅读了它。在这部书的影响下，萧伯纳的思想第一次有了重要的转折。他突然意识到，他已经由维多利亚时代的“不可知论”剧烈转变到了经济的共产主义，从此，他以“经济共产主义”的形象出现在演讲台上。

不久，萧伯纳以全新的形象出现在辩论会上。他在吵吵嚷嚷的大厅里缓缓地站起来，轻轻地敲了一下桌子。全场安静下来，人们都非常挑剔地打量着这个年轻人：

只见他身材高大，清瘦而文质彬彬，颇有一种事事都要寻根究底的神气；淡褐色的头发和长而散乱的红胡子，一双爱尔兰人的灰蓝眼睛，眉梢耸起，在那警觉而灵敏的表情中，加上了一点无拘束的“魔鬼般”的嘲弄神情。

他身上穿着随意的花呢衣服，软羊毛领配着一条普通的领带；全身打扮显出对华丽衣饰的一种鄙视态度；他的双手保养得很洁净，但并不像贵族那样修指甲；皮肤非常白皙。

萧伯纳侃侃而谈，口齿清晰而吐字有力，神态自若，毫不拘谨，神采飞扬而微带讥诮，观点明确而令人耳目一新。

听众拼命为他鼓掌，萧伯纳终于成功了！

在此后12年中，萧伯纳在讲台、教堂讲坛、市场的广场、街角、公园的斜坡、码头大门口、几位贫困的同志租来的地下室或者挤满三四千各种各样听众的大厅，不断地宣讲自己有关社会和政治的种种观点。他完全扫除了最后一点轻微的怕羞和胆怯，使自己安闲自在地同各阶级的人物接触，从主教和内阁阁员到卖水果蔬菜的小贩和码头工人。

从此，萧伯纳把每星期天的演讲视为当然必办的事情，有时候早上和晚上都演讲，平均每两星期至少演讲3次。这12年中，他作过大约1000次演讲，每次演讲后，还要答复听众提出的问题。他炉火纯青的演讲技巧，使他成为伦敦最出色的演说家之一。

加入费边社的好人

1882年9月，美国著名经济学家亨利·乔治来到英国，在伦敦举办了一系列有关土地问题的讲演，积极关注现实、热衷于参加社会活动的萧伯纳自然不会错过这个机会。

亨利·乔治在演讲中提出的由国家掌握、全面控制土地的建议，给萧伯纳和许多知识分子留下了深刻印象。

之后，萧伯纳开始对戴维·李嘉图、约翰·米尔，以及亨利·乔治著作中阐述的解决社会现实矛盾的主张产生了浓厚兴趣，将注意力转移到了社会经济问题的研究上，并为自己终于找到了排解、忘记小说创作活动失败的痛苦办法暗暗高兴。

萧伯纳虽然敬仰马克思，但却没有成为一个马克思主义者，正如他虽然身受贫困失业之苦，但却依然维持着都柏林“南方”绅士的威严，没有加入任何社会民主联盟。

1883年10月24日，经过长时间的酝酿和磋商，萧伯纳和韦布夫妇决定创立一个此后必然会对英国中产阶级和知识分子产生巨大影响力的知识分子团体。

一次偶然的机会，他阅读到一本《多数人为什么贫穷?》的小册子。这是费边社的第一种出版物。

费边社是伦敦一个非常有影响的社团，他的成员是高级公务员、专门职业者、商人等。它的政治思想与古罗马统帅费边提出的“缓进待机、避免决战”的作战思想颇为相似，因此取名为“费边社”。

当时，欧洲工人运动正处于低潮。巴黎公社革命的失败，使许多社团对社会主义产生了动摇，费边社恰在此时建立，他们否定无产阶级暴力革命，认为应该用温和渐进的办法逐步对资本主义社会进行改良，让社会主义和平“渗透”到资本主义中去，从而取得社会主义的“胜利”。

恩格斯曾经一针见血地指出：

在伦敦这里，费边派是一伙野心家。害怕革命是他们的本质性。他们多半是“有教养”的人，他们的社会主义是地方公有社会主义。

而萧伯纳一直认为自己是“有教养”的人，崇拜智力、相信知识，他认为，“费边社具有博学、文化、个人大公无私的意义”。因此，只有28岁的萧伯纳决定加入费边社。

刚刚加入时，萧伯纳不由感到从未有过的惊喜：共同的信仰能使陌生的人们变得亲密无间，这让从小就生活在艺术天地中的他全力以赴地投入了费边社的活动中。

可以说，从1884年费边社成立到南非战争前社会主义运动衰落的年月，是萧伯纳一生最光荣和最快乐的时期。他起草了费边社的宣言，到处作激昂的演讲，宣扬费边主义，不断拟定文章发表在《费边论丛》上，很快成为费边社的骨干，被选为仅有的几个执行委员之一。

但是，萧伯纳和一般的费边评论者不同。他具有极其敏锐的观察力，他能够看到生活中的种种矛盾，而且大胆地加以揭露。

渐渐地，萧伯纳也意识到了费边社的失败，心里又感到迷茫：

贫穷者依然贫穷，甚至更加糟糕，卑鄙的家伙依然在统治着善良而正直的人们；世界可以不经过流血而得到改善吗？我永远不会产生什么真正的影响了，因为我没有杀过人，也不愿意杀人。

他对一切新鲜事物和进步思想，对世界上的重大社会变革，始终给予特别关注。他被建设新世界的伟大信念所鼓舞，一直致力于社会主义思想的宣传。他欢呼俄国十月社会主义革命的胜利，他反对法西斯，反对帝国主义的侵略政策和扩军备战的政策。他深刻地发出感慨：

社会主义既然在苏联行得通，在其他的国家也应该有它生根发芽的土壤。

因此，列宁曾指出："萧伯纳是一个堕入费边社的好人。"

施展才华撰写评论

萧伯纳在求职方面是个幸运儿，他的每一个职位都是人家把他推进去的。对此他自己曾说："我从未奋斗过，我完全是凭万有引力飞黄腾达的。"

1883年，萧伯纳在大英博物馆阅读时，偶然结识了同样是27岁的著名记者威廉·阿契尔，他是《帕尔·马尔公报》的书评记者和《世界杂志》的剧评记者。

虽然两个人地位悬殊，但是，两个萍水相逢的年轻人却一见如故。

阿契尔发现，萧伯纳不仅学识渊博、观点新颖，而且文笔老练、风趣幽默，不由心里大为钦佩。

1885年的一天，阿契尔来到博物馆，他见到萧伯纳果然正在阅览室埋头苦读呢！

阿契尔来到萧伯纳身边，他轻轻拍了拍萧伯纳的肩头。萧伯纳抬头一看是阿契尔，惊喜地说："好多天没见到你了，是不是忙得很哪？"

阿契尔却没有回答萧伯纳，而是拉起他就往外走，萧伯纳一时丈二和尚摸不着头脑，只好跟着他来到休息室。

阿契尔从包里拿出一本书，递在萧伯纳手里，兴奋地说："乔治，这本书是主编交给我的，让我写一篇书评，我工作太忙没有时间，我知道你肯定能胜任写书评的工作，你愿意试一试吗？"

萧伯纳没有推辞，他爽快地答应了阿契尔。

一回到家里，萧伯纳就打开书仔细阅读起来。此时的萧伯纳，早已不是当年为《大黄蜂》做“冒名”音乐评论员时那个层次了，经过五六年的艰苦磨炼之后，他犀利的文笔中夹杂着机智与深刻，旁征博引，幽默而风趣。

一夜之间，萧伯纳就写出了一篇见解独到的书评。第二天一早，他就将打印好的书评稿交给了阿契尔。

虽然阿契尔一直听说萧伯纳是一个“快笔圣手”，但是，如此之快也令他大为惊讶：“乔治，我没想到你这么快！”

当阿契尔认真读了一遍萧伯纳这篇书评之后，他心中暗暗叫好。于是他拿着文章就去找到主编威廉·斯特德：“先生，您让我写的书评，由于我太忙，怕误了排版，于是就拜托我一个朋友写好了。”

斯特德听了不由心里很不痛快，因为书评往往要看评论者的名望，只有很有影响的作者，才会引起读者的关注。而这位署名“G·B·S”的评论者，从来就没听说过有这么一人。

斯特德失望之余，一边翻开稿子浏览着，一边示意阿契尔先别急着离开，这明显表示：如果这篇书评没什么价值，还得麻烦阿契尔亲自操刀。

阿契尔胸有成竹，他从容地在斯特德对面坐下来，并观察着主编脸上的表情变化。只见斯特德由开始的漫不经心，很快变得越来越专注，眼睛也从一条缝逐渐扩张，并且放射出喜悦的光芒。

阿契尔露出了得意的微笑：“乔治征服了主编，他成功了！”

斯特德一口气读完文章，长长地舒了一口气，轻轻地靠在椅背上，用异样的神情盯着阿契尔，然后他忍不住笑了：“伙计，你从哪儿淘到这样一个宝贝？”

阿契尔兴奋地问：“那您愿意为这个宝贝签一份聘用合同吗？”

斯特德爽快地答应了：“那还用说，谁遇到这么个大宝贝，都不会让他从眼皮底下溜掉的！”

萧伯纳取得了主编的信任，从此开始为《帕尔·马尔公报》写

书评，稿酬是每千字42先令。

不久，阿契尔又以同样的方法把萧伯纳推荐给《世界杂志》担任绘画评论记者。

《世界杂志》由埃德蒙·耶茨主编，是伦敦一份重要的畅销刊物，就在萧伯纳在《帕尔·马尔公报》发表的书评已经引起了评论界的注意时，《世界杂志》的绘画评论记者恰巧不幸去世，杂志社正急着招聘一位精通评论工作，又精通绘画之道的记者。

埃德蒙·耶茨听了阿契尔的推荐，就同意让萧伯纳试着写两个画展的评论。不过，他同时安排这项工作的还有另外几个来应聘的小有名气的记者，他想通过公平竞争，择优选用。

萧伯纳对绘画之道颇为精通，因此他的两篇评论文章轻易就博取了埃德蒙·耶茨的大声喝彩。就这样，他被成功录用了，稿酬是每行5便士，这是相当高的。

以后，《明星报》的助理编辑马辛安又把萧伯纳推荐给《明星报》的创始人托马斯·鲍尔·奥康纳，萧伯纳负责在晚报上每周编一期音乐专栏，他用“科诺·迪·巴西托”——莫扎特挽歌曲谱里提到的一种旧乐器的名称作为笔名，在音乐栏上大做其插科打诨的滑稽文章，这一回他又成功了。

两年之后，《世界杂志》的音乐评论记者辞职出国了，萧伯纳于是辞去《明星报》的工作，在《世界杂志》兼任音乐评论记者与绘画评论记者，获得巨大成功，成为评论界的奇才。

此后不久，萧伯纳认识了佛兰克·赫理斯，赫理斯当时是《星期六评论》杂志的主编。萧伯纳为他写了一两篇评论文章后，赫理斯建议萧伯纳为《星期六评论》编一个戏剧评论栏。萧伯纳同样获得了成功。

才一年多时间，萧伯纳已经从一个失败的小说家一跃成为出色的评论记者，一人兼写书评、音乐评论、绘画评论、戏剧评论，这是一般作家和记者难以企及的大家风度，G·B·S已经成为大家最熟悉的评论人。

萧伯纳20多年来积聚的才华终于找到了用武之地，但他的工作也是十分辛苦的，那时人们看到他穿着一双沉重的厚底鞋，一会儿钻进音乐厅，一会儿来到歌剧场，一会儿奔向美术馆。

后来，那双厚底的皮鞋竟然磨透了，萧伯纳干脆穿上了登山鞋，一次，一个阿尔卑斯山的旅游者看见他穿着登山鞋，问他是不是经常爬山。萧伯纳说："不，这双皮鞋是在伦敦绘画美术馆的硬地板走动时穿的。"

萧伯纳每周要交4篇以上的评论，工作虽然辛苦，但他却是一个非常令人钦佩的撰稿人，如果没有什么特殊原因，他总是及时交稿；他总是细心而谨慎，把他的文章的校稿样改得很多，他总是以最大的努力从事工作。

赫理斯向来只请有名望、水平高的作家和记者担任评论员，他曾这样描述萧伯纳写评论的态度：

> 他的评论文章同他的说话一样，真实，非常简朴，直截了当，清楚易懂，明晰诚恳而深刻。
>
> 他不装腔作势，没有一点矫揉造作的样子：他是一位完整一致的人物，他是来说服人家的，而不是来劝导人家的；他有的是坦白合理的议论，有的是用讽刺和幽默来议论；这种议论包含机智而深刻的幽默，这种幽默通常是理智的而不是情感的。

大剧作家

如果我们不能建筑幸福的生活，我们就没有任何权利享受幸福，这正和没有创造财富无权享受财富一样。

——萧伯纳

走上戏剧创作之路

萧伯纳到达伦敦之后，度过了9年的穷困生活。后来突然拨开云雾见晴天了，还不到30岁，就成了当时伦敦一个出色的戏剧音乐评论家，但是，他却渐渐感到了不满足。因为萧伯纳感到，他写文章时付出的代价比他所得到的报酬要高得多。

耶茨去世后，萧伯纳就脱离了《世界杂志》，开始寻找一个不像奥康纳那么怕事的编辑。他说：

我不要人家为我当枪靶，我自己也不想冒险到这种程度。但是我要找这么一个编辑，我喜欢跑到近射程的地方，摇旗呐喊，好像他就在危险地带那样。

那些不敢跑近可闻枪声的地方的人，对我毫无用处，我的编辑必须懂得什么是好文章，而且在收到好文章的时候不会害怕。

1885年，萧伯纳的父亲突然在都柏林去世了，而这时，萧伯纳作为评论记者赚了112英镑，同时他母亲找到了合唱队教练的职位。经济上的困难总算解决了。

《星期六评论》的主编赫理斯称赞萧伯纳说：

他是一位天才的业余作家，可惜他不需要靠摇笔杆生活。他生来就是一位现实主义者；他在现代的现实潮流中生活，决心让人家对他是什么样的人，他能干什么事情等问题

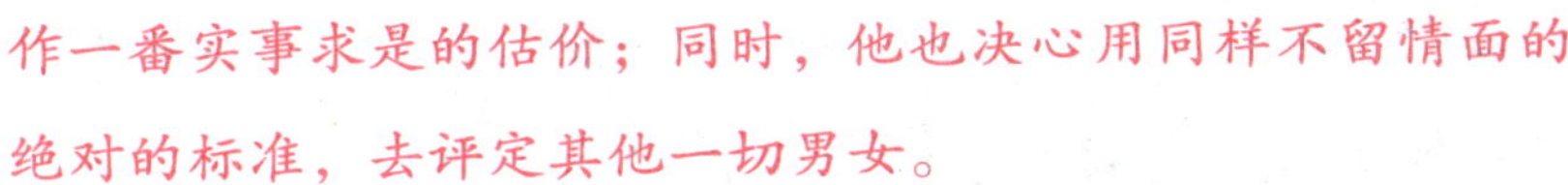

作一番实事求是的估价；同时，他也决心用同样不留情面的绝对的标准，去评定其他一切男女。

他这种为真理而爱真理的特性是现代科学精神的产物，而且，在我看来，它具体表现一种人类前所未有的最高理想。

阿契尔祝贺萧伯纳取得了巨大的成功。有一天，两个好朋友在一起谈起了伦敦的戏剧创作，萧伯纳说：“当今戏剧界崇尚的纤巧曲折的创作方法和荒诞离奇的故事情节，这真是戏剧的悲哀。”

阿契尔听到这里，他突然眼前一亮，兴奋地一拍大腿：“乔治，我看你肯定适合写剧本。你试着写吧！”

萧伯纳听了不由一愣，他沉思着对阿契尔说：“我从来没想过从事戏剧创作。小时候在都柏林，我倒是在和姐姐赌气的时候说过，要写出比莎士比亚的作品更伟大的戏剧，但后来我把全部精力都放在了小说创作上。但是，那5部小说都以惨败而告终，威廉，我真不知道我是否适合写大部头的东西。不过你今天这一说，倒不由让我想起了儿时的梦想。”

阿契尔看出萧伯纳已经有些跃跃欲试了，于是就向萧伯纳提供了一段情节，让他写几段对白。

萧伯纳很快就写完了两幕，但是阿契尔一看就皱起了眉头，他摇了摇头，失望地说：“乔治，你的台词中的议论太多，但情节的影子却一点儿也找不到。观众不会来听你说教的。”

于是，阿契尔只好取消了与萧伯纳合作写剧本的念头。

萧伯纳一再坦率承认，他对参与暴力革命并没有一丝一毫的热情，但是社会严重存在的不公平现象，以及自童年起就形成的、一直维持至今的酒鬼父亲糟糕形象的悲痛性影响，又让他无法不对眼前的残酷现实，保持一种耿耿于怀的永不妥协姿态。

他需要迅速而立刻地找到一种全新的批判资本主义方式，以便心中日益集聚的焦躁、愤懑情绪能够平静下来。

1888 年，在一次社会主义者集会上，萧伯纳结识了马克思的女儿爱琳娜。爱琳娜邀请他参加挪威卓越的戏剧家亨利·易卜生的《玩偶之家》的“社会问题剧”的非商业性演出。在剧中，爱琳娜扮演娜拉，萧伯纳扮演高利贷者柯洛克斯泰。

这是萧伯纳第一次接触到易卜生。《玩偶之家》是易卜生的代表作。这部作品在当时引起了强烈的社会反响。

据说，伦敦有人在家里宴请客人时，主人不得不在客人面前放一张条子，写着“莫谈娜拉”，以免客人之间发生冲突。

过后不久，在参加阿契尔组织的聚会时，他又仔细聆听了易卜生话剧《培尔·金特》声情并茂的朗诵。不久，伦敦又公演了易卜生的著名的《群鬼》一剧，从此萧伯纳深深地被易卜生所吸引，开始研究易卜生。易卜生成了他心目中的现实主义艺术大师。

通过参与这两次文艺活动，萧伯纳的心灵受到了很大触动，他万分激动地告诉爱琳娜：“一霎时，这位伟大的诗人的魔力打开了我的眼睛，使我同时领悟到他作为一个社会哲学家的重要性。”

这句话的潜台词意思是，他终于石破天惊地发现了突破长久以来一直困扰思想内心的表达方式，原来话剧这样一种文学的表达方式到了易卜生手里，竟然可以痛快淋漓地满足他愤怒谴责批判资本主义的迫切愿望，于是萧伯纳开始转向戏剧方面的创作活动。

这篇讲稿经过整理后，在 1891 年以《易卜生主义的精华》为题发表。在这篇讲稿中，萧伯纳对易卜生的戏剧进行了全面的评价。他指出：

易卜生作为一位现实评论者和社会改革家，通过戏剧创作揭露社会弊端，在戏剧中强调严肃的讨论和思想交锋，从理智上吸引读者和观众的注意力。

衡量戏剧好坏的标准，主要是看它的思想内容，看它是不是真实地反映了社会生活。我不是为艺术而艺术的拥护者，如果要我写一个艺术作品，里面只有艺术价值，没有什么别的，我决不动一个指头。

这篇论著成为欧洲戏剧史上一部重要论著。从此，萧伯纳开始把目光转移到戏剧上来，决心以易卜生为榜样进行戏剧创作。

1892 年，荷兰人杰克·格林鼓动萧伯纳去接着写他为阿契尔写过的那个剧本的第三幕。这就是萧伯纳戏剧的处女作《鳏夫的房产》。

这个剧本是萧伯纳根据自己前几年从事征收房租的经历和体验写成的：

在德国莱茵河畔的一家上等旅馆里，出身上流社会的医生哈里·屈兰奇爱上了资本家萨托里阿斯的女儿白朗琪。

鳏夫萨托里阿斯听说屈兰奇是贵族夫人洛克斯代尔的外甥，马上另眼相看，赞同女儿同屈兰奇成婚。这对情人被天平称过金钱和门第的分量之后，他们的感情很快趋于白热化。

原来，萨托里阿斯是伦敦贫民窟的大房东，他从穷人身上榨取房租，却不肯修理危险房屋，为此，他与收租员李克奇斯发生了冲突。

李克奇斯被萨托里阿斯辞退了，他向屈兰奇揭露了萨托里阿斯发迹的真相。

屈兰奇想不到，自己的未来岳父竟然是这样一个贪得无厌的吸血鬼，他自命清高，洁身自好，坚决表示不和萨托里阿斯同流合污，并且取消和白朗琪的婚约。

老鳏夫明白了屈兰奇和他女儿发生分歧的原因之后，不禁觉得很可笑。他把这个不懂世故的年轻医生叫到自己的书房里，向他指出："你自己也是靠喝穷人的血长大的，与我相比，你并无清高之处。"

原来，贫民窟的地产产权属于屈兰奇家的，他家把它抵押给了萨托里阿斯。再由萨托里阿斯从剥削所得中抽取平分付给屈兰奇家作为利息，而这项进款正是维持屈兰奇一家上等人体面生活的主要经济来源。而屈兰奇自己每年 700 英镑的收入就是来自这些利息。

从这个意义上说，屈兰奇用的钱也不干净，而且甚至比萨托里阿斯更卑劣。

屈兰奇面对现实，只得承认自己和萨托里阿斯是“同路人”。他与白朗琪尽释前嫌，最后甚至跟萨托里阿斯和大地产投机商李克奇斯一起合伙做起房地产生意，宣称“我入伙啦”。

1892 年 12 月 9 日，《鳏夫的房产》在伦敦皇家剧院上演。

演出落幕时，观众高呼：“作家来了！萧伯纳来了！”

萧伯纳穿着耀眼的灰色服装出现在舞台上，博得了观众的喝彩。

该剧连演 7 天，场场爆满。剧本很快在社会上引起了强烈的反映。公正的报纸讨论这部剧本达两星期之久。

不但在一般的剧评或短评中进行讨论，而且在社评以及读者来信中进行讨论。

萧伯纳永远也忘不了阿契尔，他深有感触地说：“是威廉·阿契尔把我推上了戏剧创作的台阶。”

从此，开始了英国戏剧史上的“乔治·伯纳·萧时代”。

戏剧创作渐入佳境

萧伯纳开始了戏剧创作时期，他认为：“观众对戏剧感兴趣的是真正生活的故事，行为的商讨，表现在谈话中的性格冲突，心灵的暴露，底蕴的揭穿，总括一句话——生活的真正阐述。”

萧伯纳虽然以易卜生为榜样，但两个人又不尽相同：易卜生的戏剧多半具有悲剧的性质，而萧伯纳则倾向于幽默和讽刺。

继《鳏夫的房产》之后，萧伯纳于1893年写成喜剧《好逑者》和4幕剧《华伦夫人的职业》。

萧伯纳把《鳏夫的房产》《好逑者》和《华伦夫人的职业》3部剧本收入一集，定名为《不愉快的戏剧集》于1898年出版。

萧伯纳给这3个剧本取名为《不愉快的戏剧集》，是为了使读者深思一下某种不愉快的事实。

《鳏夫的房产》说出了贵族与资本家同是靠剥削穷人而生活的深刻道理。而在《华伦夫人的职业》中，他又指出，在资本主义条件下，正直的劳动不可能保证妇女必需的生活资料，华伦夫人和她的姐姐丽兹一样，是靠开妓院发了财，才有钱供她的女儿薇薇上大学。

华伦夫人年轻时做过妓女，后来和她的情夫、资产阶级贵族乔治·克罗夫爵士在欧洲大陆开设了许多暗娼旅馆。

而她的女儿薇薇受过高等教育，以优良的成绩毕业于剑桥大学。薇薇从来就不知道她的母亲是做什么生意的。后来当她和母亲在一起时，她第一次听到母亲的经历，同时又从向她求婚的克罗夫爵士那里得知他和华伦夫人合伙开设暗娼旅馆的事实。

薇薇在精神上受到了重大的打击，决心不再接受她母亲的肮脏钱，而去一个律师事务所当统计员，过着独立的生活。

当华伦夫人的女儿质问她为什么要干那种行当的时候，剧情发展到高潮，矛盾集中体现出来。华伦夫人愤然问她的女儿：“挨饿当奴隶，你能不能保持自尊心？一天挣一个半先令，给人家擦地板，到后来，除了进贫民残废院，没有第二条出路。”

随后，华伦夫人向女儿提出忠告：“女人想过好日子，只有一条道：跟一个有钱又喜欢你的男人要好，要是你的身份跟那个男人一样，想法子让他跟你结婚，要是你的身份远不如他，那可别打结婚的主意。何必打这主意呢？结了婚自己也不会快活。不信你去问问伦敦上流社会做母亲的女人，她们一定也会这么说。不过我对你是直截了当地说，她们对你绕着弯儿说，相差就是这么一点儿。我懂得女孩子的脾气，我知道，只要你仔细想一想，你就会回心转意。”

而薇薇的回答也是一针见血：“原来你就是这样劝导别人的！妈妈，你这套话一定跟好些女人说过了，所以说得这么熟练。”

这个剧本通过华伦夫人堕落的血泪史，描绘在资本主义制度下被压迫、被剥削的妇女的命运，辛辣地讽刺了资本主义社会里人与人之间的冷酷的赤裸裸的金钱交易。资产阶级以文明、高尚、体面为假面具，来掩盖阶级社会中的荒淫、腐朽和罪恶。

在资本家克罗夫和薇薇的一场对话里，克罗夫说：“我为什么不应该那么投资？我跟别人一样，放款吃利息。你不要以为我亲手干过那种肮脏事。你未必会因为我母亲的亲兄弟倍尔格雷公爵有几笔租金来历不明，就不跟他来往。你也未必会因为国教事务委员有几家租户是卖酒的和有罪孽的人，就跟坎特伯雷大主教绝交。别人都挺乖巧地拼命往自己口袋里塞钱，你要我把25%的利息扔下不拿？我不那么傻！你要想这样拿道德标准来选择朋友，除非你跟上流社会断绝关系，要不然就趁早离开英国。”

这里，萧伯纳用非常巧妙的技巧指出：社会希望你成为体面的

人，不管你干的是什么事情，社会并不深入追究你的利润的来源。

在剧本里，萧伯纳调动了多种艺术手段，加强戏剧冲突，使剧情波澜起伏，跌宕多姿。剧中的对话和独白相当精彩，生动洗练，富有节奏，构成了萧伯纳戏剧的风格基调。

《华伦夫人的职业》脱稿后，伦敦独立剧院就准备排练上演，但是却遭到英国掌管审查戏剧的宫廷大臣的扼杀而被禁演。直至1902年，萧伯纳把剧本带到美国，才在纽约正式上演。

1924年，《华伦夫人的职业》已经被译成几十种文字，世界各国几乎都上演了此剧，伦敦的检察官才无可奈何地解除了禁演令。

英国的检查制度起源于亨利八世，检察官一直由宫廷大臣担任。从那时起，检察官对戏剧的压制逐渐司空见惯，以致后来大多数英国剧作家不再进行反抗，而是让宫廷大臣指导他们应当如何写作。渐渐地，英国的戏剧衰落下去。

由于英国的社会政治环境，萧伯纳的戏剧并没有首先在本国取得成功，最早欢迎萧伯纳戏剧的国家是美国，其次是德国，斯堪的纳维亚各国人民也始终喜欢萧伯纳，可能是因为萧伯纳一直提倡挪威剧作家易卜生的戏剧，他自己是师承易卜生来进行创作的。直至15年之后，英国人才知道自己国内已经出现了一个现代的莫里哀。

而《不愉快的戏剧集》中的另一部《好逑者》，则反映了关于易卜生主义、婚姻问题以及“新女性”问题的争论。

萧伯纳一直是一个现实主义者，他不追求外貌逼真的戏剧场面，但却能深刻地揭露现实社会中的尖锐冲突。在他的大多数剧本里，问题的提出和解决不是在动作中，而是在人物的对白中。

萧伯纳驾驭语言的才能和幽默讽刺的特点在剧本中得到了充分显示。萧伯纳是擅长舞台对话的文学大师，发出似非而是的妙论是他惯用的手法。他有一次这样说：“我开玩笑的方法就是讲真话。”

事实上，萧伯纳在开玩笑的表面背后，深刻地揭露了社会生活中的矛盾冲突，并把它表现在似非而是的调侃当中。不仅他的语言是似非而是的，他设计的戏剧场面也总是似非而是的。

在萧伯纳的戏剧中，社会现实好像被倒转过来了一样：看起来最笨的人，实际上却聪明过人；看起来不过是一些罪犯或社会习俗和法律的叛逆者，实际上却比虚伪的“道德家”更善良；看起来不过是任人摆布的玩偶、小丑，而实际上却有着坚强的意志和独立的人格。

在《鳏夫的房产》中，萧伯纳就指出：“体面的中产阶级和贵族青年子弟，正如粪上苍蝇一般，靠剥削住在贫民窟的穷人而自肥。”他一针见血地揭示了当时的社会矛盾。

接下来，萧伯纳又发表了《愉快的戏剧集》，其中包括 1894 年写成的《康蒂坦》《武器与武士》，1895 年写成的《风云人物》和 1896 年写成的《难于预料》4 部作品。

这 4 部作品的问世，进一步巩固了萧伯纳在世界文坛上不可动摇的地位。

在喜剧《武器与武士》中，萧伯纳以机智幽默的对白，辛辣地讽刺了资产阶级对战争、爱情、民族主义、财富和社会地位的浪漫主义幻想。在这个剧本中，萧伯纳第一次显示了创作喜剧的天才。这出戏剧于 1894 年在伦敦爱文纽剧院连续演出 11 个星期。

同年 9 月，《武器与武士》由理查德·曼斯菲尔德在纽约先驱广场剧院演出。从那时起，萧伯纳就在美国打下了根基。而《康蒂坦》是萧伯纳在西方最受欢迎的喜剧之一。

萧伯纳从事戏剧评论和戏剧创作之后，有较多的时间是在剧团和剧院里度过的。他和许多女演员有密切的接触，对她们的生活命运有深切了解。在她们个人生活中，有的婚后受到丈夫虐待和遗弃；有的小有名气之后，跑到社交界厮混，冷淡自己的丈夫和家庭；有的多次

失恋。她们都把这些向萧伯纳倾诉。

当时的英国，妇女问题成为一些有志之士的研究课题。热衷于社会问题的萧伯纳，对此也给予应有的注意，并写出了《康蒂坦》。

康蒂坦是一个勤劳朴素的妇女。她的丈夫莫瑞尔是一个信仰基督教社会主义的人，他醉心于人道和博爱的宣传。青年诗人马本克闯入了康蒂坦的生活。马本克揭露了莫瑞尔宣传宗教的虚伪性，并热烈地追求康蒂坦。

当康蒂坦在两个男人之间选择自己的归宿时，她知道，这个诗人是为恋爱而恋爱的；而她的丈夫，既爱她，也爱自己的工作，他需要她，也需要自己的工作，这是他赖以生活下去的支柱。

莫瑞尔向康蒂坦表白说："我的力量来保卫你的生命，我的忠诚来保障你的安全，我的才干和勤劳来维持你的生活，我的权威和地位来维护你的尊严。这是男子汉应该献给女人的一切。"

马本克却非常鄙视莫瑞尔的懦弱："他呀，他要保护别人，帮助别人，并且为别人工作，给他生孩子，让他去保护、帮助和为他而工作。他要别人，比如说一个成年后又变成了小孩的人，哦！你这个傻瓜，你这个大傻瓜！"

而康蒂坦认为，帮助弱者乃是女人的天职，于是她说："我把我自己交给两人中间的弱者，我决定和丈夫生活在一起。"

马本克和莫瑞尔经过一场爱情冲突后，对婚姻和爱情问题的认识都提高了一步，同时，莫瑞尔与康蒂坦也在加深相互了解的基础上建立了美满的夫妻关系。

最后，康蒂坦微笑着总结说："现在让我们像三个朋友那样，舒舒服服地坐下来谈一谈吧！"

这是一个对传统的三角恋爱故事颠倒的喜剧。萧伯纳在这个剧本里，用他擅长心理刻画的艺术手段，把康蒂坦的性格、品质、信仰、憧憬和心灵，描写得淋漓尽致。

康蒂坦看透了自己丈夫莫瑞尔的巧妙言辞“不过是毫无意义的废话，不过是像小孩一样拿这些话来哄哄自己和别人罢了”，但是，她又没有勇气同莫瑞尔决裂。她渴望真理、自由，但她又不愿意破坏她惨淡经营起来的那个安逸舒适却又庸俗单调的家庭。

这个剧的结局是维护了资产阶级家庭秩序，明显地暴露出萧伯纳“费边主义”即改良主义的思想，当然，也体现了萧伯纳在道德和婚姻观念上的严肃态度。

《康蒂坦》标志着萧伯纳的艺术才能已经到了炉火纯青的地步。该剧在英国各地公演后，反响强烈。后来又在美国、法国、比利时等国家上演，经久不衰。作者将康蒂坦塑造成为一个感情真挚、热情，道德高尚，关键时刻能掌握自己命运的善良女性。这一人物塑造得相当成功。

萧伯纳自己总结康蒂坦时说：

> 从传统观点上看来，她是一个没有“品格”的女人。如果她没有思想上和心灵上的力量的话，她将成为可鄙的妓女和纵欲者。
>
> 她的坦率是出于她的本性，而不是传统道德的产物。世界上再也没有什么能比她和马本克离别的话含有更多的残酷无情的理性：“很好，我的孩子；但是我不能想象50岁的我跟一个35岁的丈夫共同生活。”
>
> 正是这种摆脱感情的力量，这种对家庭观念所表现的没有偏差的智慧，使她对整个局面取得了绝对控制权。

除了《不愉快的戏剧集》和《愉快的戏剧集》外，萧伯纳还创

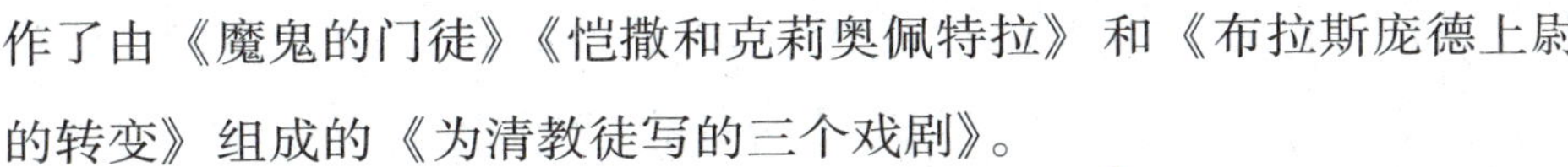

作了由《魔鬼的门徒》《恺撒和克莉奥佩特拉》和《布拉斯庞德上尉的转变》组成的《为清教徒写的三个戏剧》。

在《为清教徒写的三个戏剧》的序言里，萧伯纳抨击了当时英国戏剧界的颓废主义和自然主义的倾向，倡导正直的艺术，反对庸俗颓废的艺术。

在《魔鬼的门徒》和《恺撒和克莉奥佩特拉》中，萧伯纳就运用历史来影射当时的现实，一方面揭露和批判丑恶与专制，另一方面歌颂自由与崇高。

《魔鬼的门徒》是以美国独立战争为背景展开全剧故事的。该剧在揭露和鞭挞英国统治者残酷的殖民统治的同时，颂扬了“魔鬼的门徒”理查德热爱自由、勇于献身的英雄气概，他与自诩为纯洁、高尚而实际上自私虚伪的清教徒特琴太太形成鲜明的对比。在这里，萧伯纳又设计了一个颠倒的场面，发人深省，意味深长。

而《恺撒和克莉奥佩特拉》，则是萧伯纳作为对莎士比亚历史剧创作方法的对抗而写出的。莎士比亚曾经写过《安东尼与克莉奥佩特拉》，萧伯纳就说：

> 我写这个剧本是要表明自己胜过莎士比亚，我要用现实主义代替他的浪漫主义。有人说我是莎士比亚以后最伟大的戏剧家，我虽然不能保证自己是当代最伟大的“贩卖惹人欢笑或落泪的情节的商人”，但肯定是最优秀的10个戏剧家之一。

萧伯纳在《恺撒和克莉奥佩特拉》中，将恺撒与英国的政治家们加以对比，把他描绘成一个冷静的“现实主义者”，英明地、坚决地为着实现目标而行动起来。

萧伯纳虽然以戏剧创作为职业，但他的戏剧多数是为客观需要而写的应征之作，很少是纯粹以写作为目的、受内心的驱使而完成的。

比如《华伦夫人的职业》是应锡尼·韦布夫人的请求而作。她因为厌恶《好逑者》里那个被性欲迷住的女人，所以请萧伯纳以一个没有浪漫色彩的，努力工作的现代妇女为题材，写一出戏。

而《武器与武士》是为了要帮霍尼曼小姐和弗洛伦斯·法尔的忙赶写出来的，使她们的老牌爱文纽剧院不至于因营业失败而倒闭。

另外，《康蒂坦》则是为珍妮特·阿丘奇创作的；《风云人物》是为理查德·曼斯菲尔德和爱兰·黛丽创作的；《难于预料》是应西里尔·莫德的委托创作的。

在萧伯纳的一系列剧本获得成功之后，他成了众目关注的知名人物，这样就有更多的人向他约稿。一些曾演过他的戏剧的演员与他的关系越来越密切，他也为这些演员特意创作了几部作品。

《魔鬼的门徒》是为特里斯和曼斯菲尔德创作的，这个剧本在美国演出，获得极大的成功。恺撒一角是他扮演哈姆雷特以后最卓越的成就。

《布拉斯庞德上尉的转变》是为爱兰·黛丽创作的，因为当她第一个孙子出生时，她告诉萧伯纳说，没有人愿意给一个做祖母的人写剧本了。

现在，萧伯纳既要忙于费边社的集会和演讲活动，为费边社撰写大量文章，又要不断地进行戏剧创作以满足朋友的需要、演员的需要或观众的需要。从此，他才真正成为一位名副其实的戏剧家、评论家、小说家和社会演说家。

这是萧伯纳戏剧创作的第一时期，他已经形成了自己独特鲜明的风格和特点，除了发出似非而是的妙论、设计不合“常理”的颠倒场面、善于描写人物对白而并不重视情节的精心安排等特点之外，还有一个特点：他提出了各种社会现实问题，却没有把读者和观众引向一定的结论。他的剧本结局并不包括最后的道德教训，而往往只是提出问题。

正如一位英国的评论家所指出的：

通过他塑造的人物，他以巨大的力量和敏锐的观察力，以翱翔于悲剧之上的诙谐的灵感，暴露了现代社会的一切矛盾。

他的剧本被称为“仅仅是”谈话、讨论、辩论的剧本。

他以英语作家中无可比拟的热情，去揭露资本主义社会的罪恶。

他在光荣的孤立中只身作战。

不惑之年喜结良缘

萧伯纳作为剧评家和剧作家，在职业上和女演员们常常有接触的机会，他亲切地称她们与自己“志同道合，意气相投”。因此和她们建立了许多永久的友谊关系。

但是，尽管萧伯纳与她们保持着交往，有的甚至超过了30年，但是却没有与她们中的一个结婚。他们的交往一直建立在彼此尊重的基础上，是一个戏剧家与其职业上的关系，当萧伯纳果真遇到一些女演员的追求时，他也会机智巧妙地解决问题。

有一个对自己的容貌和身段都相当自信的女明星，一心追求萧伯纳，要求和他结婚。她的理由是：“我有举世公认的美貌，你有世界闻名的智慧，如果我们俩结婚，生出的小孩子有像我一样美丽的容貌，像你一样聪明的头脑，岂不是天下第一流的人物吗?”

而萧伯纳听了以后，笑了笑说：“那么，如果是有像我一样的容貌，像你一样的头脑，不是糟糕了吗?”

萧伯纳就这样逃过了一个个女明星的追求。

萧伯纳到了40岁的时候，已经在文学艺术上取得了辉煌的业绩，尤其在戏剧创作上，接连几部剧本成功，使他成为了举世公认的伟大的戏剧家。但是，萧伯纳的爱情生活却直至40岁时才刚刚开始。

在之前的岁月里，萧伯纳与他的母亲以及一个杂役女仆住在菲茨罗伊广场三楼。他们之间非常和睦，但是他们从来就不曾亲密接触，也不会同桌吃饭，更谈不上互相交流。母子俩分别过自己的生活，走自己的路，彼此之间从来没有摩擦和碰撞，他们的生活是绝对自由的，萧伯纳开玩笑说：“我们都在没有家庭生活的情况下找到了一个幸福的家庭。”

萧伯纳白天都在大英博物馆的阅览室里博览群书，晚上则不是在公共集会上度过，就是去剧院或音乐会干他的评论工作。在家的时候，他就总待在自己的卧室里，饮食起居全由自己决定。

在萧伯纳成家前，他一直和两个已婚家庭保持着深厚的友谊。秋天的假期，他和锡德尼·韦布家人同度，在复活节假期，他和亨利·索尔特家人同住。

韦布夫妇是一对努力从事写作而在文艺技巧方面还不大有自信心的青年伉俪，萧伯纳为他们提供了很大的帮助。他有使人料想不到的意见和观点，可以把他们的机智磨得很锋利，而且也能使访问者感到有趣。同时，韦布还是费边社的主要领导人。

索尔特是个狂热的雪莱信徒，他以雪莱的传记作者和一部名为《在野蛮人中间生活七十年》的自传而闻名。索尔特的大人喜爱弹钢琴，萧伯纳因为崇拜雪莱，并弹得一手好钢琴，深受索尔特夫妇的喜爱。

因此说，萧伯纳和韦布夫妇共同生活时是非常活跃的、充满热情的，而他与索尔特家人一起居住时却是安静而快活的。就这样，萧伯纳在菲茨罗伊广场之外又找到了另外的家。

当夏绿蒂·潘旦馨 1896 年闯入萧伯纳的生命里时，萧伯纳一直在这两个家庭里过着这样一种婚前的愉快生活。

夏绿蒂·潘旦馨是一位富家小姐，生活于伦敦的上流社会。但是，她却具有叛逆的思想性格，对宗教发生怀疑，提倡女性解放，因而她也选择了费边社，走上了社会主义的道路，成了一个坚定的女权主义者。

而萧伯纳自从加入费边社以来，一直是该团体的积极分子，整日忙于集会、演讲和撰写文章，偶尔有些闲暇时间，就常到韦布家去。

夏绿蒂·潘旦馨经过她姑母的介绍，与韦布夫人认识。当时，韦布夫妇从德比镇一个行为古怪的镇书记官那里继承了一份遗产，他们打算用这笔并不充足的款项创建一所“伦敦经济学校”，夏绿蒂·潘旦馨慷慨解囊，资助韦布夫妇的工作，增强他们的经济力量。

不久，韦布夫妇终于可以租得起阿德尔斐坊10号作为临时校址，而夏绿蒂·潘旦馨自己又租了最高的两层作为居住的寓所，就这样，她与韦布夫妇建立了友谊，成为韦布家中的座上宾，并经韦尔夫妇的介绍认识了不少费边社的成员。

后来，韦布夫妇邀请夏绿蒂·潘旦馨一同到斯特拉特福·圣安得鲁斯的教区长的住宅去度秋天的假期。她欣然接受了他们的邀请。当她到达目的地时，才发现萧伯纳已经住在那里了。

在此期间，韦布夫妇又忙于他们自己的著作，无暇顾及客人，这样就使客人们有了充分的机会自寻娱乐了。

萧伯纳一开始就给夏绿蒂·潘旦馨留下了深刻的印象，在韦尔夫妇家做客时，他们俩就经常谈心，交流思想。通过这次度假，两人的感情便日渐深厚起来。

当萧伯纳写完剧本《难于预料》之后，就开始在阿德尔斐坊10号最上层夏绿蒂·潘旦馨的寓所消磨空闲的晚上了。那时他们即使没有订婚，也处在一种很亲密的关系中，而且夏绿蒂·潘旦馨还当过萧伯纳的义务秘书，成了他工作中的伙伴。两人真是志同道合，配合默契。

萧伯纳一直自己负责管理自己，幸运的是他除了在1881年出过一次天花外，不曾患过什么重病，偶尔有个感冒发烧，头疼脑热，也尽量熬过去，无须医生和看护。

就在萧伯纳第二次与韦布夫妇在蒙默思度过秋天的假期之后，韦布夫妇去做环球旅行去了。而萧伯纳的身体却突然垮了下来。

长期以来，萧伯纳总是把晚上的时间消磨在空气恶劣、拥挤不堪的音乐厅、剧院和政治集会的场所，他在星期天做高谈阔论的长篇演讲，还要为费边社拟定一些没有报酬的宣传文章，写大量的信件，有时也为一些社会主义派的候选人拉选票。这些事情使萧伯纳忙得不可开交，身体日益衰弱。

结果，一条过紧的鞋带，弄得萧伯纳的脚背上生了脓包，打开一看，竟发现骨头坏死。伤势并不是很厉害，但当时盛行利斯特防腐剂治疗法，医生在动完手术后，给他涂上了三碘甲烷，结果，伤口不能治愈。

萧伯纳拄了 18 个月的拐杖。在此期间，他整日地躺在菲茨罗伊广场三层自己的小屋里。他的生活环境依然很糟糕：屋子里光线暗淡，设备陈旧，物品摆放得杂乱无章，布满灰尘。

杂役女仆也根本没有尽到照顾病人的义务，只是偶尔拿些半冷不热的鸡蛋等食物放在萧伯纳伸手可及的地方，而且常常是放在一个蒙满灰尘的报纸上。

总之，在这里让一个人逐渐恢复健康几乎是不可能的，能够使病情不再恶化已经是万幸了。

夏绿蒂·潘旦馨已经好多天都没有看到萧伯纳了，她只好到菲茨罗伊广场去探望萧伯纳，作为一个富家小姐，她是生平第一次去这种地方。

当夏绿蒂·潘旦馨推开萧家大门时，她不由得惊讶地对萧伯纳说："你的养病条件实在是太差了，我平常看到过的为照顾病人所采取的措施，在这里几乎都找不到。我以为一切美观、整洁、明快、让人心情舒畅的东西，在这里也都看不见。这种环境，是由于你长期被漠视，这必然会导致你的病情迅速恶化。这不行，我必须把你搬离这里。"

其实，夏绿蒂·潘旦馨所感到的这种坏的生活环境，在萧伯纳和他母亲看来却是再正常不过了。萧伯纳从小就过惯了贫困和独立的生活，既缺乏必要的生活资料，也缺少起码的关心和照顾。

虽然萧伯纳对他自己的生存环境总是满不在乎，但夏绿蒂·潘旦馨却忍受不了他这种境况。于是，夏绿蒂·潘旦馨立刻在萨里郡的欣赫德租了一间房子，打算把萧伯纳搬到合乎卫生要求的空气中去疗养。萧伯纳的母亲对此已经习惯了，她没有表示反对，因为无论萧伯纳是到韦布夫妇家，或是到索尔特夫妇家，还是到另外的地方，都是他的自由。

萧伯纳是一个很谨慎的人，他害怕这样会妨碍夏绿蒂·潘旦馨的声誉，女人的尊严绝不该因为他的缘故而受到伤害。他对夏绿蒂·潘旦馨说："你可知道你的朋友会怎样想吗？没有人会相信你纯粹是由于无私的忠诚才这样看护我的，你在世人的眼里已经完了！"

但夏绿蒂·潘旦馨根本不理会这些，她唯一的愿望就是让萧伯纳得到适当的护理、补养和照顾，尽快病体痊愈，恢复健康。她说："我不听你的这一派胡言，你必须去欣赫德，我会好好地照顾你。"

夏绿蒂·潘旦馨多次劝说后，萧伯纳的心理防线被这个慈爱温柔的好护士彻底冲垮了，他不能再继续作出无情的表示，他想出了一个两全其美的解决方法。

1898 年，42 岁的萧伯纳心情舒畅、精神焕发地对夏绿蒂·潘旦馨说："你去买一枚戒指和办一张结婚证书来吧！"

就这样，在一个星期之内，萧伯纳就与夏绿蒂·潘旦馨结了婚。

大喜的日子里，他们的两位证婚人格雷厄姆·华莱士和亨利·索尔特为了庆贺这个良辰吉日，特地穿了很讲究的衣服。而新郎萧伯纳病得还很重，他是拄着拐杖，穿着一件腋窝被拐杖磨破的短上衣去的。

登记处长没有想到他就是新郎，错把他当成办完结婚手续时必然会出现的乞丐了，而把身高6英尺余、衣冠楚楚的华莱士认作是新郎，于是这位处长沉着镇静地要把新娘夏绿蒂·潘旦馨嫁给华莱士。

正在这紧急的时候，作为证婚人的华莱士觉得这种做法似乎有点使他越出证婚人的权限，终于在最后一分钟犹豫了一下，将新娘还给了萧伯纳。

当韦布夫妇旅行归来时，他们发现这对新婚夫妇已经在欣赫德度蜜月了。萧伯纳对他们说："我们结婚了，因为彼此都感到对方是必不可少的人。"

结婚改变了萧伯纳的一些生活习惯，他再也不会像从前单身时那样行动自由了，他的生活安定了，钱也越来越多，人们常见他陪着喜欢游玩的太太外出旅游，当年莫菲斯托式的蓬乱的红胡子也修剪得整整齐齐。

萧伯纳已经变成一位坐在安乐椅上的幸福的人，码头的大门口、公园、郊区的公用草地、广场和市政厅、街角的售货摊、街头艺人的表演场所，已经很少能再看到他那忙碌的身影。他已经习惯"在家过星期日"了。

萧伯纳在经历了人生风风雨雨40年后，就这样度过了一生中最神圣、最难忘的日子。然而，在这之后的很长一段时间里，萧伯纳作品中的费边主义色彩日趋浓烈，对资本主义的批判也没有早期那样有力了。

但是，自从他与夏绿蒂·潘旦馨结婚后，他就过着稳定的家庭生活，在舒适的家庭和有保证的收入的环境里，他在戏剧艺术上获得了巨大的成功。

创作新世纪三部曲

萧伯纳的婚姻是美满的、和谐的、幸福的。当年的萧伯纳身材细长、形容瘦削，经常在生活上得到妻子细致入微的照顾。

夏绿蒂·潘旦馨是一个举止文雅、温柔体贴的人，她深知自己的丈夫是最有独立性的艺术家，应当尊重他的自由，让他在一个温暖舒适的家庭环境中，有充分的、足够的机会获得成功，有所造诣。

萧伯纳在还是单身时，就已经在文坛上取得了相当的成就，财富和名誉纷至沓来，再和富家女夏绿蒂·潘旦馨结合，更使他的生活越来越优裕、舒适。

但是，结婚后的萧伯纳并没有以剧作家自居，贪图安逸，而是更加努力地创作，不断有新作问世，创作水准也逐渐登峰造极。

夏绿蒂·潘旦馨给予萧伯纳生活上和事业上大力的帮助。夏绿蒂·潘旦馨不仅是一个善良贤惠的好妻子，她还具有相当的文学素养。早在与萧伯纳结合之前，她就曾经把法国戏剧家尤金·白里欧的包括《母性》在内的3个剧本翻译成英文，编成一本书。她的译作相当成功，在美国特别畅销。

有这么一位道德和文化修养都很高的妻子，再加上萧伯纳自己的才华与胆识，他的成功是注定的、必然的。

萧伯纳充满深情地对妻子说：“如果说我在结婚前就已播下了大量成功的种子，但是成功的果实都是在与您结婚后才获得的。”

时间很快就走过19世纪进入了20世纪，这时，欧洲资本主义强国进入到帝国主义阶段。

1897年至1902年，英国对非洲的布尔人发动了大规模的侵略战争，引起世界公正舆论的愤怒谴责。英国知识界进步人士对这场战争表示了极大的愤慨。

而萧伯纳由于受费边主义改良思想的影响，不能正确理解这场战争的性质，也无法找到解决帝国主义时代社会矛盾的正确途径，一时陷入了深深的苦闷之中。

萧伯纳最终发现，不但他自己，甚至费边社的其他许多知识分子，实际上都是一些光说不练的天桥把式。但是，要真正地向马克思主义的暴力革命立场转移，萧伯纳又非常的不情愿，并表示："如果此刻发生了社会暴动，人们只能从床底下的某个角落里找到我惊悚的身影。"

20 世纪伊始，萧伯纳又有一系列作品问世，其中不少是给读者和观众留下深刻印象、极受欢迎的剧本。

1903 年，他利用唐璜的传说而写成的《人与超人》；1904 年，写出了根据爱尔兰问题来揭露和剖析英帝国的《英国佬的另一个岛》；1905 年，创作了描写无耻之徒军火大王安德谢夫的升官发财史的动人心魄的《巴巴拉少校》。

《人与超人》是萧伯纳在思想困惑时，企图在生物学中寻找解决社会问题的办法而创作的剧本。他在剧本里提出的主要观点是：如果人类依靠自己的意志和智慧与宇宙间的进步力量，即"生命力"密切合作，那么人类有可能演变成为一种具有较多的利他主义思想和较少的破坏性的族类。

但是，这个主题在《人与超人》中包含着讽刺的成分。"生命力"的理论事实上是企图表明，人类只有变成另一种动物才有生存下去的可能。

在《人与超人》里，萧伯纳仍然保持其现实主义传统，批判、揭露社会问题，但他已经觉察到自己在费边分子影响下形成的改良主义幻想根本于事无补，所以又提出了"生命力"理论。

这是一部包含着哲理的喜剧。整个喜剧情节建立在富裕的女郎安娜追求她的未婚夫邓纳尔这点上。邓纳尔摆脱了安娜的追求，可是他遇到了匪徒，最后他终于成为顽强地追求他的安娜的牺牲者。在安娜身上体现出生命力，它的使命就是为人类传宗接代。

剧中主人公邓纳尔扮演了揭露资产阶级虚伪道义的角色，在他的奇谈怪论里隐藏着点滴的真理。他在回答曼多查承认自己是个强盗并以抢劫富人为生时大胆声称："我是绅士，我是绅士，我以抢劫穷人为生。"在这绅士与强盗的谈话中，深刻揭露了表面现象掩盖下的本质，道出了资本家无情剥削工人，富人剥削穷人的真理。

在这部闻名世界的著作中，包含着晦涩难懂的成分，因为其中不仅反映了作者反科学的哲学思想，而且还夹杂着他先前就有的神秘主义和改良主义的倾向。

萧伯纳在此剧之后还带了一个附录，题名为《革命家手册和袖珍指南》，还附有"警句"，由各种谚语和妙论组成。由它的名称可以看出，萧伯纳这个附录是为人们提供的指南，不致堕入迷途。

《人与超人》的问世，奠定了萧伯纳作为西欧戏剧大师的地位。从此，萧伯纳就独出心裁地创造了自己的戏剧模式。

《英国佬的另一个岛》是一个政治性很强的剧本。同样流露出萧伯纳视革命群众为群氓，崇拜超人的思想倾向。深刻揭露了英国资产阶级对爱尔兰人民施以欺骗和掠夺的手段来进行其残暴统治，以辛辣的讽刺语调批判了野心勃勃、利欲熏心的英国佬对被压迫的爱尔兰采取的"一面打人耳光，一面布施小惠"的政策。

英国企业家博饶本自命为"自由主义者"，但是，他实际上却唯利是图，是一个为达目的不惜任何手段的家伙。对他来说，最重要的是生意，一切感情都可以抛在一旁，但如果感情可被利用来为生意服务，他当然也不惜付出。

博饶本把所有的注意力都集中在了他必须极力予以保护的邻岛爱

尔兰上了。他和他的伙伴杜依尔组织了一个土木工程公司，来到落后的爱尔兰农村，以贷款的办法，用欺诈的手段，攫取佃农的土地，使他们迅速走向贫穷和破产。

萧伯纳对这一剧本作了成功的结构设计，诙谐幽默的场面和忧郁抒情的情境相互交替出现。他运用丰富的俏皮的聪明才智描写“格莱斯顿式”的英国佬在议员选举之前要尽各种把戏来欺骗爱尔兰人的罪恶事实。

英国佬博饶本采取格莱斯顿所实施的“皮鞭与甜饼干”的政策，对群众许下毫无意义的承诺，甚至不惜宣称自己即将与爱尔兰人结婚。总之，他用尽各种各样狡诈与伪装的方式打败自己的对手而获得了议员的席位。

博饶本和他的同伙的残忍已经到了无以复加的程度。他们公然宣称道：

我们的联营公司是没有良心的，它对于哈弗干、杜兰和杜元一类家伙，对于一批中国劳力，是一样不管死活的，正像捕鼠机上安上肉来诱杀老鼠一样冷酷无情。

而萧伯纳安排了与这个狡猾凶狠的市侩形成鲜明对比的人物，那就是孤独的克干。

克干浪漫地爱着自己贫穷而且充满不幸的国家，大胆地责备博饶本的虚伪，并指出博饶本之所以会成为议员是由于他谎言惑众，欺骗人民，并以贿赂手段拉选票。克干是一个脱离现实的幻想家，他梦想着一个“生活合乎人情”的世界，但他却找不到实现这一梦想的道路。

克干这一人物形象贯穿整个剧本，给剧本带来了富有诗意的忧郁、悲伤、绝望和不合实际的空想成分。

剧终时，克干带着忧郁与深思登上了小丘，他的影子渐渐地远去、消失了。而那个幸运的狡猾凶狠的博饶本则正在邀请他的爱尔兰女伴选择他们的美丽新居。

萧伯纳在这部剧本中，反映了他思想观点的某些侧面：

> 我虽然生于具有光荣的民族解放斗争传统的爱尔兰，但却看不到民族解放运动的力量，而只是像克干一样，“仿佛是要在落日的余晖中寻找通向天堂的大道”。幸好他还对未来抱有希望，相信“末日无论如何会到来的”，“总会有一个时候，人们之所以赏识爱尔兰不是由于它的矿藏丰富，而是由于它的儿女品质优良，我们等着瞧吧！”

《英国佬的另一个岛》这部为爱尔兰民族剧院所创作的作品，在戏剧创作水平上达到了很高的标准，无论是人物塑造，还是结构安排，都表现了萧伯纳独具匠心之处，是戏剧史上不可多得的佳作。

1905 年，萧伯纳又写出了他一生中最优秀的作品之一《巴巴拉少校》，这部作品是萧伯纳创作走向成熟的重要标志。

英布战争之后，英国工人运动不断高涨。1905 年的俄国革命，在英国产生了巨大震动。这两件事，都对萧伯纳产生了深刻的影响。正是在这种情况下，萧伯纳决定描写一部军火商的具有人道主义思想的女儿巴巴拉少校故事的戏剧。

在剧本创作之初，萧伯纳原想用《恩特莱·安德谢夫的职业》为题，但又担心容易使读者联想起《华伦夫人的职业》而对主题产生歧义，便决定直接用主人公的名字，就叫《巴巴拉少校》。

该剧的主人公是出身于军火商世家的安德谢夫，他是一个厚颜无耻、贪得无厌、坚信金钱万能的军火商。他之所以能依靠军火飞黄腾达、升官发财，就是由于他不择手段，以“寡廉鲜耻”作为人生

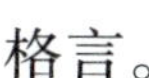

格言。

安德谢夫害怕革命，在革命的力量面前吓得不由得发抖，为了瓦解工人的反抗，不惜巨资收买工人中的上层分子，使他们成为保守主义者。

安德谢夫的女儿巴巴拉热爱社会活动，为了拯救穷困，她参加了慈善事业组织救世军，整天奔波忙碌，并被升为少校。

在这里，萧伯纳又一次发挥了他讽刺挖苦的特长，生动地刻画出安德谢夫这一“死亡工厂”厂主衣冠楚楚的外表下所掩盖的贪婪无耻的丑恶嘴脸。

一个隐姓埋名的富翁肯为救世军捐款5000英镑，但需要有另一个人肯捐出同样数目的款项，他才答应付款。巴巴拉为此四处奔走。为了博得女儿的好感，安德谢夫答应捐5000英镑。

巴巴拉因为父亲是军火制造商，赚钱手段与救世军的宗旨相抵触，拒绝接受。但安德谢夫使出花言巧语，使巴巴拉少校逐渐相信她的父亲支持救世军。

而她的情人柯森斯也从过去批评军火大王转而妥协，成为安德谢夫的伙伴和“死亡工厂”的继承人，尽管他仍然坚持自己已经拟订的计划，支援应该掌握政权的人民，但人民究竟通过什么途径来掌握政权，谁也不清楚。

后来真相大白，那隐姓埋名捐款的富翁，原来也和安德谢夫一样，是制造杀人饮料的资本家。巴巴拉看到，慈善事业并不慈善，它是靠资本家豢养并为资本家服务的。巴巴拉的幻想彻底破灭了。

在这个剧本中，萧伯纳对资产阶级和资本主义制度下的机构所做的揭露和鞭挞，是极其深刻和猛烈的。

在剧中，安德谢夫简直就是一个“混世魔王”。他家经营军火已经有200多年的历史了，传到他已经是第七代了。安德谢夫的哲学理论是“一切都可以买卖”，行动口号是“杀戮”。

总之，安德谢夫的生意经、发家史、座右铭，还有他那一整套思想体系，都揭示了资本主义走向帝国主义阶段表现出来的寄生性、腐朽性和极大的疯狂性。

此外，《巴巴拉少校》也触及了垄断资本家和资本主义国家机器的本质。这通过安德谢夫对他前妻的儿子傲慢的一番自我标榜中就可见一斑：

> 我就是你祖国的政府，你以为像你那样半打子蠢货，跑到胡说专家俱乐部里去清谈一阵，就能管得住安德谢夫－拉查雷斯公司吗？不行的，朋友。怎么对我们有利，你就得怎么干。
>
> 战争对我们有利，你们就制造战争；和平对我们合适，你们就维护和平。别人要是想法压低我的红利，你们就调出警察来镇压他们。为了报答你们的盛意，我开的报馆就支持你们、表扬你们，让你们感到自己是伟大的政治家。

这种触及资本主义社会要害的议论，在20世纪初期的戏剧创作中是极为少见的。

《巴巴拉少校》就如一颗猛然爆裂的炸弹，在当时的英国和欧洲起到了巨大的战斗作用。

3年内陆续写出的这3个剧本实际上是一个三部曲。1919年，萧伯纳在致这3个戏剧的德文翻译者，德国作家西格弗里德·特里比奇的信中称它们为“三大戏剧”，可见他对这3个剧本的重视。

积极开展剧院运动

戏剧创作上的成功，使萧伯纳对戏剧产生了很大的兴趣，1904年至1914年期间，进入了萧伯纳戏剧创作的第二段时期。

1909年，萧伯纳创作了《布兰科·波斯内特的出现》一剧，他试图吸取托尔斯泰的创作经验，采取他深入理解人民生活本质与特点的方法来创造现实的人民的戏剧。

《布兰科·波斯内特的出现》的故事饶有风趣，主人公布兰科·波斯内特是一个大胆的渎神者，常常一针见血地提示出伪善的社会道德准则。

这种敢于冲破传统的惊人之语，波斯内特自己却认为是发自内心的“良心话”。在他们这种“不可救药”、被唾弃的人群中，却不乏真正的人道评论的行为举动。

1912年，萧伯纳创作了又一部喜剧杰作《匹克梅梁》。这是一部“五幕长诗”的传奇剧，题材有趣而且意味深长。剧情是从语言学实验家赫金斯向卖花女伊莉莎·杜里特尔传授上流社会的语言而展开的。

赫金斯发现普通少女伊莉莎非常有天才，她听觉敏锐，能够很快地接受和吸收文化教育，而且大大地超过了那些自以为是社会精英的上流人物。

在该剧中，萧伯纳还设计了这样一些人作为讽刺嘲笑的对象：“他们生怕自己被认为是已经陈腐过时的老古董，所以争先恐后地像赶时髦一样拼命模仿出身卑微的、并不真正善于言辞的伊莉莎·杜里特尔社交谈吐的新风格。”

在舞台结构上，萧伯纳添置了不少奇异、风趣的地方，而且他在创意上打破了传统喜剧的规矩，发展了意义深远的社会题材。

而在上层社会与下层人物语言的冲突中，在广泛应用民间的幽默中，则表现了萧伯纳作为讽刺作家与喜剧作家的独到而有力的一面。

1913 年，它首先在维也纳和柏林公演，1914 年又在伦敦演出。后来还根据这一剧本改编了电影和歌剧，成为欧洲戏剧史上的经典之作。

而在此期间，萧伯纳与考特剧院的经营者格兰维尔·马克合作，共同开展了一场挽救濒于衰亡的英国戏剧的考特剧院运动。

当时，他们以剧院的一批优秀演员为基础，根据营业上赢利的需要，临时聘请戏剧界一些杰出人才合作。

萧伯纳与马克这两位冒险家的合作，使奄奄一息的英国戏剧恢复了青春活力。萧伯纳拼命拉拢当时的小说家参加这个运动，有时候他以演出他的剧本作为条件，要求剧院演出剧坛新手创作的剧本。

诗人约翰·戴维森有创作一出先验唯物主义伟大戏剧的腹稿，但他没有写剧本的条件，因为他不能让他的家人挨饿 6 个月。

萧伯纳问他："你 6 个月能赚多少钱?"

戴维森回答说："250 英镑。"

萧伯纳就给他 250 英镑，劝告他努力创作，除了使自己的灵魂得到彻底的满足之外，不要有所顾忌。

戴维森不胜感激之余，决心要报答萧伯纳，为他挣一笔大财。于是，戴维森写出了一出自以为是极端通俗、罗曼蒂克、带有历史性质的情节剧，估计上演后至少可以卖一年的满座。可是，结果却令人失望。萧伯纳为了这个戏剧运动花了不少心血，既花费了大量时间，又消耗了很多钱财，但很多时候的回报却实在让人沮丧。

萧伯纳和马克两个人合作创造了戏剧界的历史，使他们成了戏剧界最受瞩目的大人物，在伦敦占据了稳固的地位。

考特剧院运动到第一次世界大战时，因马克娶了美国社交界一个最上等的富豪阶层的女人丽拉·麦卡锡，以后又定居英国，马克也就回到家庭中过起了悠闲的日子，开始给莎士比亚的作品写评注，翻译西班牙的戏剧。就这样，两个人的合作关系也就宣告结束了。

他们的合作分别促进了各自事业的发展：作为戏剧家的萧伯纳不断推出新作，使自己的创作才能日趋完善；而马克在戏剧运动的最后阶段，不但成了著名的演员、莎士比亚戏剧的重要演出者，而且还是一个可以与萧伯纳竞争的剧作家。

萧伯纳的朋友佛兰克·赫理斯曾说过："我不能不承认他在挑选人才方面手段颇为高明。在新闻事业方面，他挑选了我，而且使我相信是我挑选了他：你看他聪明不聪明？在他的费边社的活动方面，他挑选了锡德尼·韦布，在戏剧运动方面，他挑选哈利·格兰维尔·马克，这个人不久和丽拉·麦卡锡结婚，从而使她也参加戏剧运动。"

"在考特剧院运动开始时，萧在戏剧界被列为同道剧院一个赚不到钱的局外人。在运动的最后阶段，他被推崇为英国最重要的戏剧家。萧的拥护者说他是莎士比亚以后最伟大的戏剧家。"

关于萧伯纳的舞台技巧和莎士比亚的舞台技巧作一比较这件事，萧伯纳在由路易斯·威尔金森转给赫理斯的一封信中说：

我在你的提纲里看到下面的句子："详尽的舞台指导的重要意义。更伟大的戏剧家不需要这些舞台指导的原因。"我坚决劝你不要根据一种单纯的文艺特征去胡扯有关实际舞台监督的问题。

如果你把莎士比亚时代的舞台和现代的舞台比较一下，你就可以看到两个要点；这两个要点是值得由一个实际舞台监督根据他的行业的历史知识在一篇演讲里加以讨论的。这种历史知识不仅是从书本或传统得来的，而且也是根据戏剧演出的实地观察得来的。

第一个要点是：莎士比亚不得不将舞台指导编入对白，他使剧中人物对观众说他们在剧中正在干什么，因为实际的条件使他们无法进行具体的表演，同时也因为戏剧对白和史诗及文艺诗之间的区别不够完整，使作者和观众都看不到这种荒谬的程度。

第二个要点是：我们遭到重大的损失，因为莎士比亚没有把他当时肯定曾经提供给演员的舞台指导，以文学的形式记录下来；这种损失不在于姿势、动作、台步等秘诀，而在于对话时应当表现的感情。由于缺乏这些东西，因此英国剧坛一贯存在着一些最恼人的误解：不仅有对他的剧本的场景的误解，而且也有对全体剧中人物的误解。

我的舞台指导比莎士比亚的更为详尽，其原因是：莎士比亚在剧院里亲自导演，所以只需要对白的说明书，而当我开始我的创作生涯时，我必须以印出单行本的形式使我的剧本有一个完整的艺术存在，因为我的剧本在英国完全得不到演出的机会，而当这些剧本首先在美国和德国站住脚的时候，我又不能亲自去监督剧本的演出。

就在魏突林与马克的公司由于经营计划失败而宣告破产，决定变卖所有产业时，萧伯纳也退还了大部分版税，来帮助公司渡过财政难关。等公司的债务还清之后，便关门大吉。

战争年代

我的生命属于整个社会；在我有生之年，尽我力所能及为整个社会工作，这就是我的特殊的荣幸。

——萧伯纳

大战之初坚持创作

在马克与丽拉·麦卡锡离婚，又与美国女富豪结合之后，萧伯纳失去了合作的伙伴。在解除了与考特剧院的合作关系而未找到新的合伙人的过渡时期内，他又写了著名的剧本《伤心之家》和《千岁人》。

《伤心之家》是在第一次世界大战开始前的1913年开始酝酿的，1914年，第一次世界大战爆发了。萧伯纳花了3年时间，至1916年才完成，这是萧伯纳最优秀的最富有读者的剧本之一。它的剧本结构复杂，愤怒的讽刺与抒情的诗意相结合，表现出作者构思的巧妙与驾驭语言文字能力的高明。

整个剧本真实地反映了当时的社会状况，“伤心之家”其实就是战争时期欧洲的缩影。萧伯纳费尽心思创作出这一剧本，就是为了把现实社会的活动情景搬上舞台，让人们看清形势，推动历史向前发展。

《伤心之家》还有一个副标题叫“俄国风格英国主题的狂想曲”。据说它是模仿俄国作家契诃夫的名剧《樱桃园》创作的。萧伯纳自己在《序言》中指出：

> 这是大战前夕文明而懒散的整个欧洲的写照。我要向天才的列夫·托尔斯泰求教，向伟大的戏剧诗人和人道主义者契诃夫求教。描写出正在呻吟、毁灭的欧洲人的家。

《伤心之家》通过船长肖特非家中的颓废生活，揭露了大英帝国

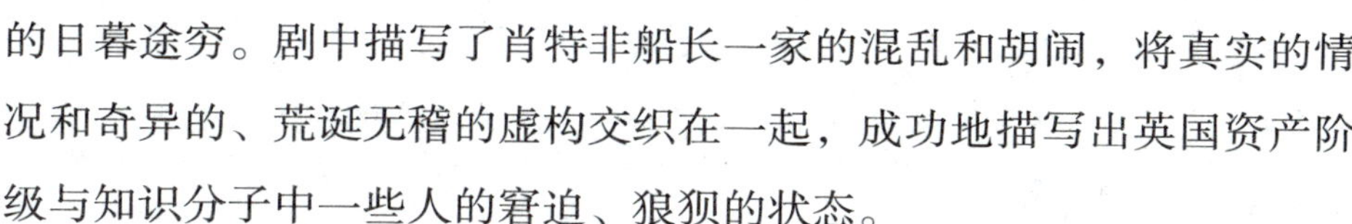

的日暮途穷。剧中描写了肖特非船长一家的混乱和胡闹，将真实的情况和奇异的、荒诞无稽的虚构交织在一起，成功地描写出英国资产阶级与知识分子中一些人的窘迫、狼狈的状态。

肖特非的家是座船形的庄园住宅，肖特非看透了社会的虚假而心灰意懒，半似疯癫，对自己的女儿、亲人都视同陌路。他的大女儿和她的丈夫过着颓废淫靡的生活。二女儿离家 23 年，回来看到一切都是那样混乱，幻想彻底破灭，外来的人也大都精神颓废，道德沉沦。

船长肖特非是一个脾气古怪的老头儿，他是一个正面人物，是那个罪恶世界即将毁灭的预兆，他已经预感到革命即将来到。而曼根是个把自己的安乐建立在他人痛苦之上的企业主，他也预感到自己不可避免的必然结局。

所有人都是在凄凉、惨淡、绝望的气氛中生活着、挣扎着，似乎都在等待着毁灭的来临。

肖特非直截了当地表达了自己对那些“把宇宙当作赡养所”的市侩的憎恨，并以极其尖锐的语调责备贪婪凶狠的守财奴曼根。

在剧末，第一次世界大战爆发，德国飞机出现在“伤心之家”的屋顶。曼根和一个流氓骗子“两个强盗”一起躲在肖特非船长堆放火药的地洞里，人们反而把屋子的灯打开。随着一阵炸弹的轰响，房屋倒塌了，但炸弹恰好就落在地洞的上面，曼根和强盗一命呜呼了。

从这两个强盗的下场中，可以看出萧伯纳的立场。他预言：战争之后并不是平静，而是更强烈的爆炸，最后将使“伤心之家”归于毁灭。

这个剧本把“伤心之家”比喻为一只铁板脱落、木板腐败的船，一只即将触礁沉没的船，说明资本主义大势已去，其衰亡是不可挽回的。这寓意是深刻的。

剧中人物都满怀忧虑，看不出生活的冷酷无情。他们恬不知耻，暴露了自己卑鄙、可耻的行为后还扬扬得意、沾沾自喜。“伤心之家”

是“无依无靠的家，是伤心落泪的家”，剧中没有一个人知道什么是幸福，他们只是“一群伤透了心的笨蛋”，一切都摇摆不定，仿佛堕入充满瘴气的沼泽一样。

曼根死后，恢复了平静，幸存下来的人们，“安然无恙，只是突然间又感到无聊得要命”。明显地暴露出第一次世界大战期间英国资产阶级看不到前途的悲观的情绪。

《伤心之家》成功地说明了资本主义制度的深刻危机和不可逃避的历史惩罚，深刻地指出了建立在压迫、谎言与欺骗基础上的现实世界的荒谬与恐怖，预示了那条不知去向的“船”、那个人们心灵的牢狱，时刻都有撞得粉碎的可能。

就在马克的公司关门大吉之后，一个名叫巴里·杰克逊的外省人也在经营剧院，并且从经营巡回演出剧团进而发展到建造伯明翰剧院，定期换演剧本，事业正飞黄腾达。

1916 年，《伤心之家》在巴里·杰克逊的剧院演出后，获得了极大的成功。这位外省富翁便向萧伯纳提出建议，要上演《千岁人》一剧。

刚开始，萧伯纳为他的举动深感吃惊，但当萧伯纳得知巴里·杰克逊喜欢投资剧院，并愿意承担全部责任之后，他们之间便建立了合作关系。

萧伯纳找到了新的伙伴，并且这种关系持续了很久，这使他们的事业在伦敦打下了坚实的基础。他们后来还创办了“莫尔文戏剧节”，主要演出萧伯纳的戏剧。

积极肯定民族解放

第一次世界大战，是一场帝国主义国家之间的大决战。它的发生，促使第二国际分化，在费边社这样的团体中也对此展开了激烈的辩论，其中狭隘民族主义的“保卫祖国”的呼声占了绝对上风。

而战争之初，萧伯纳的态度是折中的。他继续贯彻他对英国资产阶级的批评，指出英帝国主义对这次世界大战也应负有责任，但他却还没有走上坚决反对战争的道路。

萧伯纳的朋友佛兰克·赫理斯对他说过：“如果德国人手上的血最多，那么，其他的人手上也不是没有血迹的。”

1914 年，萧伯纳出版了一本小册子《关于这次战争的常识》，表明了他对战争的态度。他指出：

> 英国人在促成世界大战的过程中并不是无罪的。事实上，军国主义不但德国有，英国也有，英国并不只是受着恶狼侵袭的无辜的羔羊；所有的参战国都是有罪过的。
>
> 英国的士兵应该憎恨自己本国的军国主义者，交战双方的士兵都应该把自己的军官枪毙之后各自回家，在农村的就要收割庄稼，回城市的则要进行革命。

萧伯纳在书中还提出了一系列建议和施行方案，甚至具体地谈到应该怎样招募士兵，怎样吸引他们加入职工会等。这种并不现实的建议，是萧伯纳的理想化，是为了使这些军国主义的士兵转变成为只是为了争取达到“高尚的目的”的自觉的义勇军。

萧伯纳在完成《伤心之家》后，他给赫理斯写信说明了为什么自己写关于大战的小册子而没有写剧本的原因：

你不能对战争和对你的邻居同时宣战。战争不能忍受喜剧的严厉鞭挞，那种闪烁于舞台上的无情嘲笑的光芒的严厉鞭挞。

人们正在英勇地为国捐躯，这不是把真话告诉他们的情人、妻子、父亲和母亲的时候，不能说他们怎样为一些笨蛋的重大错误而牺牲，为资本家的贪婪而牺牲，为征服者的野心而牺牲，为蛊惑民心的政客的竞选活动而牺牲，为爱国者的伪善而牺牲，为贪欲、谎言、深仇宿怨、残忍好杀而牺牲：这些家伙爱好战争，因为战争把监禁他们的牢门打开，而让他们坐在有权势、有声望的宝座上。

因为如果我们不把这些真相毫不留情地揭露出来，那么，就像在舞台上一样，真相就会隐藏于理想主义的帷幕里，正如它们隐藏在现实生活中那样。

由于《关于这次战争的常识》中对英帝国主义的揭露和抨击，德国军方甚至把它作为宣传材料。但是英国社会反动集团却强烈地攻击萧伯纳。萧伯纳也因此背上了“不爱国、亲德的社会主义者”的罪名，一些漫画家甚至把他画成一只在尾巴上系着一个铁十字架的爱尔兰猎犬与德国牧羊犬的混合种。

虽然许多英格兰人把萧伯纳当成了他们的敌人，但是英国政府却始终知道“事实上他是‘没有危险性’的”。赫理斯也曾指出：

萧伯纳在1914年以前一定是已经知道了一些英国政治的内幕。不过，我认为萧并没有利用这种消息去破坏整个卑

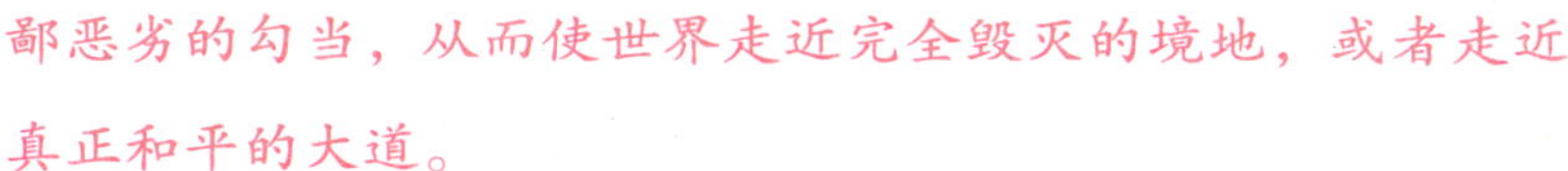

鄙恶劣的勾当，从而使世界走近完全毁灭的境地，或者走近真正和平的大道。

他在他的剧本里妥协了。不是说他是一条放在苏格兰方格花纹呢上的变色龙，为了要使自己的皮色与背景相配，弄得不知怎么办才好。

可是我却想使世人知道，他变色变得太容易了，他不但变成拥护协约国的人，而且也成为英国国民军的一分子，命令陆军部和前线的将军们可以安心作战。

而且，萧伯纳一直声称他从来不攻击英国政府，而且认为英国政府也完全知道他是站在政府一边的。因此政府也从没有打算把他关进监牢中。

1917 年，俄国爆发了十月革命，这个消息传到伦敦，资产阶级大佬们一片恐慌。费边社内一些人也持否定态度。但萧伯纳力排众议，庄严地宣布：

我们是社会主义者，俄国人的主张就是我们的主张。

1923 年，在这一信念的影响下，萧伯纳写出一部著名的历史剧《圣女贞德》。

在大战期间，萧伯纳还写过《获得维多利亚十字勋章的奥弗莱厄蒂》《布尔什维克女王安娜扬斯卡》等短剧。而在《圣女贞德》之前比较精彩有影响的是 1921 年创作完成的《千岁人》。

《千岁人》中把《人与超人》中表现出的巴特勒和柏格森的创作进化论思想更充分深入地反映在观众面前。萧伯纳在创作这个剧本时，没有与别人合作，没有抱商业上的目的，完全是为了写作才完成的。

贞德是法国的女民族英雄，在 1337 年至 1453 年的英法百年战争末期，英军占领了法国北部，并围攻通往南方的门户奥尔良城，形势危急，但法国政治集团内部却无力挽救败局。1429 年，笃信宗教的贞德说服了王子查理，即查理七世，率领 6000 名农民群众组成的义军驰援奥尔良，重创英国侵略军，解除城围，扭转了战局。贞德被称为“奥尔良姑娘”，成为法国人民爱国斗争的旗帜。

但是，贞德的行动引起了封建教主和教会的嫉恨。1430 年 8 月，贞德在贡比涅要塞附近被俘，查理七世竟坐视不救。1431 年 5 月 30 日，贞德被教会法庭诬为“女巫”，判处火刑，英勇就义。

萧伯纳在剧中塑造了一个献身民族解放运动的令人心醉神往的女英雄形象，这是他剧作中最优秀的妇女形象之一。

在日益加剧的社会斗争影响下，萧伯纳开始对人民英雄的形象发生了兴趣，在剧中，他以讽刺嘲笑的方式，猛烈地攻击卑鄙的征服者，挖苦虚伪的爱国主义和帝国主义的侵略战争。

萧伯纳认真研究了百年战争的历史，他决心写出真正的历史悲剧。萧伯纳评价说：

> 贞德是一个出身于平民的少女，她天资聪颖，道德高尚，办事精明能干，有很强的民族责任感。她有着农民的审慎作风与顽强性格，看透了贵族、国王与大主教的本质，因此对于他们并不趋炎附势，赞扬崇拜。

萧伯纳在安排贞德的谈话中，也处处显示出她善于接近群众，善于说服人、激励人，让群众相信民族解放运动的正义性。

萧伯纳通过叙述贞德短暂的一生，表现出西欧近代历史上基督教、新教的兴起和资产阶级民族主义的出现，剧情由喜剧情节逐渐发展为悲剧的结局。

剧情发展到高潮的时候，贞德心中展开了激烈的矛盾斗争，曾经一度对被烧死的恐惧使她想要通过向敌人妥协来拯救自己的生命，但是，她最终还是宁死不屈，决意要替奥尔良解围，要把“英国人赶出法国”。

这个被那些高贵的人称为“出身低贱、疯狂的姑娘”心中充满了对屈辱的祖国的强烈的爱，这种爱使她在敌人面前毫无畏惧，最后终于英勇献身。

而那些沽名钓誉的统治者和阴谋家，却与贞德形成了鲜明的对比。他们在贞德为了国家的利益做完了她所应该做的一切之后，便出卖了她，使她被俘并被判为邪教徒，最后活活烧死在火刑架上。

《圣女贞德》共6幕，一个尾声。萧伯纳在这个剧本中，着力塑造了人民领袖贞德热爱人民、同人民血肉相连的形象。她说：“我将到人民中去，从他们的眼光所表示的对我的爱戴中得到安慰。”

贞德面对强暴坚贞不屈，当法庭宣判时，她说：“如果我遭到火刑，我走进火焰就是走进人民的心里，而且将永远活在人民的心底。”

贞德始终是人民与祖国利益的体现者和保护人，始终在不屈不挠地与教会反动派、黑暗势力以及那些愚昧无知的代表人物作着斗争。

贞德的形象和语言，体现了诗与戏剧的完美结合，更体现了对人道主义和自由的渴望。在贞德眼中，自由高于一切，为了自由她可以抛弃一切。她说道：

只要我能够听得见，风在树梢上飒飒作响，云雀在春光明媚的天空中歌唱，羊羔在寒冷的清晨中叫喊，我的可爱的钟声正在“当当”，还有那安琪儿的声音随风飘来，我能够听见这一切就够了。可是如果没有这一切我就不能生活下去。

该剧的结尾，是一个士兵在歌唱，歌声中显示出辛辣的讽刺，他的歌仿佛从人民心底流露出来一样，意义非常深刻：

难道我们能够期待所有这些大资本家，这些大尉，这些主教们，这些法律家以及类似这样的人，企图从他们那里得到好处吗？只要你还活着，他们就迫使你在沟壕中流血。

如果你陷入水深火热之中，他们就在那里袖手旁观，而且对你嗤之以鼻！姑娘！我要对你说的话就是："你不要听他们的话，不要怕，你不比他们愚蠢，也许比他们更聪明。"

《圣女贞德》是萧伯纳的又一部成功力作。在创作中，他变成了为神圣、正义的民族解放事业而英勇斗争的诗人，他的历史的乐观主义的思想有所增强。

而且，萧伯纳在这部剧本中，以前所未有的新观念提出了来自人民中的正面人物的问题，极力表达出承认每一个民族都具有获得自己民族独立的权利的观点。

荣获诺贝尔文学奖

民主、进步的思想赋予萧伯纳的剧作巨大的生命力，萧伯纳完成了他最成功的《圣女贞德》后，他创作的剧本已达30多部，再加上评论以及一些论文，使他当之无愧地成为举世闻名的一大文豪。

1925年，瑞典皇家学院鉴于萧伯纳在戏剧创作方面的突出贡献，决定把当年的诺贝尔文学奖授予他。获奖理由中评价说：

> 由于他的作品中具有理想主义和人道主义精神，其令人激动的讽刺常蕴涵着独特的诗意美。显示了这位惊人之举的人作为诗人的最高能力。

瑞典学院诺贝尔奖评委会主席佩尔·哈尔斯特龙在授奖词中说：

> 乔治·萧伯纳在他青年时期创作的小说中就表现了他后来一贯坚持不变的对世界的看法和对社会问题的态度。他的信念从一开始就非常坚定不移，似乎就连社会发展的总进程也不仅未能对他施以任何实际影响，反而将他直接带到了他现在发表演说的讲坛上。
>
> 在他那里，这些思想和一种敏捷的机智结合在一起，完全摒弃了任何形式的常规，加之他那极为生动有趣的幽默。所有这些聚集在一起，形成了文学中几乎前所未有的狂文风格。
>
> 他运用着这一武器，带着一个天才的极端自信心，这种

自信来自一种绝对宁静的道德心以及一种诚实的信念。

他很早就成为革命学说的宣传家，这些属于美学和社会学领域的学说价值各异，因此他很快就为自己赢得了辩论家、知名演说家和记者的显要地位。

作为易卜生的拥护者和英国以及巴黎的肤浅传统的反对者，他在英国剧坛上留下了印迹。他本人的戏剧创作开始得较晚，当时他已经36岁，写剧的目的则是为了满足他所引起的各种要求。他以生来具有的把握进行剧本创作，确信自己有许多话要说。

他以这种随便的方式终于创造出了一种在某种程度上可以被称为新的戏剧艺术，对这种戏剧艺术必须按照其本身的特殊原则进行评价。它的新奇之处并不在结构和形式上。他通过对戏剧艺术极其清醒和训练有素的了解，毫不费力地迅速达到了他认为对其目的有用的所有舞台效果。但是他表达思想的那种直率方式完全是他个人的，那种好战性、灵活性，以及思想的多样性也完全是他所独有的。

在法国，他一向被称为20世纪的莫里哀，这种比较是有些道理的，因为萧伯纳本人认为，他具有遵循古典戏剧艺术的旨趣。他所说的古典主义是研究严格推理和辩证的精神爱好，反对任何可以被称作浪漫主义的事物。

时间不允许我们一一提及他随后的创作活动，哪怕是他那些更为优秀的作品；只这样说就足够了：只要他认为是偏见，那么不论是在哪个阵营中发现的，他都运用他的武器去进行批判，绝不投机取巧。

萧伯纳对他以前的历史剧前言一直感到不满足，所以，他偶然将其丰富敏捷的智力和对历史的想象力以及历史真实感的明显缺乏结合在一起，便是很自然的。他笔下的世界缺乏时间概念；按照新的理论，这对于空间来说并非没有意义。但是很不幸，它所带来的结果是对过去曾经发生过的一切缺乏尊重，并且导致了这样一种倾向：把所有事物都表现得与普通人过去所信所言的截然相反。

我所说的这些只为萧伯纳的毕生事业提供了微小事实，而且几乎一点也没有谈到他的大多数剧本所附的著名的前言或许应该称其为论文。多数前言明晰、活泼、才华横溢，是无法超越的佳作。

他所创作的戏剧作品赋予他当今时代最吸引人的剧作家之一的地位，他的前言又使他获得我们这个时代的伏尔泰的称号。如果我们只考虑到伏尔泰的最佳作品。从完美而简朴的风格着眼，这些前言似乎会提供一种在行文高度新闻化的时代里表达思想和进行论战的最高标准，同时就其方法来说也是最优秀的形式。更为重要的是，它们巩固了萧伯纳在英国文学中的显要地位。

萧伯纳却并不愿意接受这笔奖金，他对自己恰巧在1925年获得这项殊荣深感惊讶。他说："可能他们是奖励我这一年没有写出什么东西吧！"

萧伯纳指出：

瑞典皇家学院在颁发奖金时所赏识的人物从来就不会把那些正在奋斗的作家包括在内。发现真正的天才并不是瑞典皇家学院的任务。奖金委员会总是以作家是否有"相当高贵的"声誉作为选择标准的。诺贝尔的生意经是一种彩票，一种获得最低限度的声誉的人士都可以自由购买的彩票。

萧伯纳由于对诺贝尔文学奖抱着这种态度，因此他决定把这笔约8000英镑的奖金赠予英国瑞典文学基金会，作为奖励瑞典文学作品英文译本的基金，也用来资助那些生活穷困的作家们。

1927年，为纪念贝多芬逝世100周年，一生喜爱音乐的萧伯纳有感而发写出纪念文章《贝多芬百年祭》：

100年前，一位虽还听得见雷声但已聋得听不见大型交响乐队演奏自己的乐曲的57岁的倔强的单身老人，最后一次举拳向着咆哮的天空，然后逝去了，还是和他生前一直那样地唐突神灵，蔑视天地。

他是反抗性的化身；他甚至在街上遇上一位大公和他的随从时也总不免把帽子向下按得紧紧地，然后从他们正中间大踏步地直穿而过。

有一次他竟被当作流浪汉给抓了起来，因为警察不肯相信穿得这样破破烂烂的人竟会是一位大作曲家，更不能相信这副躯体竟能容得下纯音响世界最奔腾澎湃的灵魂。

他的灵魂是伟大的，他的狂风怒涛一般的力量他自己能很容易控制住，可是常常并不愿去控制，这个和他狂呼大笑的滑稽诙谐之处是在别的作曲家作品里都找不到的。

我听过的任何黑人的集体狂欢都不会像贝多芬的第七交响乐最后的乐章那样，可以引起最黑最黑的舞蹈家拼了命地跳下去；而也没有另外哪一个作曲家，可以先以他的乐曲的阴柔之美使得听众完全融化在缠绵悱恻的境界里，而后突然以铜号的猛烈声音吹向他们，带着嘲讽似的使他们觉得自己是真傻。除了贝多芬之外谁也管不住贝多芬；而疯劲上来之后，他总有意不去管住自己，于是也就成为管不住的了。

贝多芬不是戏剧家，赋予道德以灵活性对他来说就是一

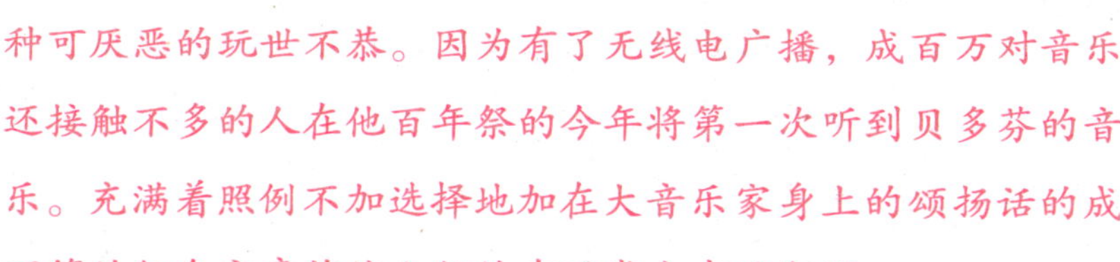

种可厌恶的玩世不恭。因为有了无线电广播，成百万对音乐还接触不多的人在他百年祭的今年将第一次听到贝多芬的音乐。充满着照例不加选择地加在大音乐家身上的颂扬话的成百篇的纪念文章将使人们抱有通常少有的期望。

像贝多芬同时代的人一样，虽然他们可以懂得格鲁克和海顿和莫扎特，但从贝多芬那里得到的不但是一种使他们困惑不解的意想不到的音乐，而且有时候简直是听不出是音乐的由管弦乐器发出来的杂乱音响。

可是音乐的作用并不止于创造悦耳的乐式。它还能表达感情，你能去津津有味地欣赏一张波斯地毯或者听一曲巴哈的序曲，但乐趣只止于此；可是你听了《唐璜》前奏曲之后却不可能不产生一种复杂的心情，它使你心里有准备去面对将淹没那种精致但又是魔鬼式的欢乐的一场恐怖的末日悲剧。

但是贝多芬做到的这一点，也使得某些与他同时代的伟人不得不把他当作一个疯人。有时清醒就出些洋相或者显示出格调不高的一点，在于他把音乐完全用作了表现心情的手段，并且完全不把设计乐式本身作为目的。不错，他一生非常保守地使用着旧的乐式；但是他加给它们以惊人的活力和激情，包括产生于思想高度的那种最高的激情，使得产生于感觉的激情显得仅仅是感官上的享受，于是他不仅打乱了旧乐式的对称，而且常常使人听不出在感情的风暴之下竟还有什么样式存在着了。

以上就是贝多芬之谜的全部。他有能力设计最好的乐式；他能写出使你终身享受不尽的美丽的乐曲；他能挑出那些最干燥无味的旋律，把它们展开得那样引人，使你听上一百次也每次都能发现新东西：一句话，你可以拿所有用来形容以乐式见长的作曲家的话来形容他；但是他的病征，也就是不同于别人之处在于他那激动人的品质，他能使我们激动，并把他那奔放的感情笼罩着我们。

懂了这个，你就从18世纪前进了一步，也从旧式的跳舞乐队前进了一步，不但能懂得贝多芬的音乐而且也能懂得贝多芬以后的最有深度的音乐了。

贝多芬的音乐如此，萧伯纳的文章也是如此。这篇散文以饱含热情的笔触，写出了贝多芬倔强、反叛的个性及其音乐创作特色，思路清晰，情感丰富，饱含哲理，是传世的散文佳作。

1929年，萧伯纳更加关注社会问题和政治问题了。因为这时，英国已经到了发生总危机的时候，阶级矛盾更加尖锐，斗争也更加激烈。于是，当他的《苹果车》问世的时候，他还加了一个“政治狂想曲”的副标题。

《苹果车》是配有幕间插曲的两幕政治闹剧，揭露资产阶级民主的虚假性和统治集团为争权夺利所进行的幕后斗争。

在《苹果车》中，萧伯纳还把想象中35年之后的政治舞台展现出来，在国王与内阁争权夺利的斗争中，国王终于取胜。

他把工党政客等人为保住自己的肥缺，出卖工人利益的事实摆在观众面前，剖析了资产阶级民主为金融寡头操纵的真相。

卡罗培斯和内阁大臣们向国王发出最后通牒：未经同意，国王不得发表公开讲话或以间接的方法向新闻界授意报刊写文章，也不能使用国王的权力否决议会的法讼。否则内阁便宣告解散。

国王不答应，在内阁会议上宣布退位，解散国会，又说将让位给他的儿子，自己放弃所有的爵位，并拟在大选中作为温莎皇家选区的候选人，要自己组织一个政党，在公众面前揭发对方。

由于新国王必须指派一个官员去担任内阁领导人，谁知道他不会

指派前国王马格纳斯自己去当内阁领导人呢？

首相因国王肯定会当选而感到沮丧，被迫宣布取消最后通牒，一切照旧。

萧伯纳旨在说明，统治集团各党派之间互相争权夺利又互相妥协勾结，无非是要从国家的财富中为自己夺取更大的份额。因而无论是马格纳斯或是卡罗培斯当政，国家的实质都不会改变，因为他们也不过是被财阀们操纵的傀儡，剧本指出国家的实际政权掌握在垄断联合企业——“勃勃克奇斯有限公司”手中。

萧伯纳在序幕里写道：“一切自然的东西，对于堂皇富丽、虚有其表的仪式主义者来说都是不存在的。他们丧失了自然的爱，也丧失了其他自然的感觉。”

《苹果车》一剧还安排了一段表现英国与美国之间的尖锐矛盾和激烈竞争，以及美国企图把英国“融化”到美国思想和商品中去的插曲。这里，萧伯纳涉及这一国际政治主题，表现出其卓越的历史远见。

“打翻了苹果车”在英文里就是打错了如意算盘的意思。萧伯纳以一个敏感的深思熟虑的民族艺术家的姿态密切注视着社会政治生活的发展，准确地把握了它的未来发展趋势。

萧伯纳将剧中的两个角色描写得太过夸张了：一个是异乎寻常的、爱开下流玩笑的首领，穿着俄罗斯的红色外套和裤脚塞进长靴里的裤子；还有一个是美国大使，样子像漫画家温泽·麦凯所作的山姆大叔三色讽刺画。

这年8月，英国戏剧界为了表彰萧伯纳对于戏剧作出的特殊贡献，在当年举行的莫尔文戏剧节上全部上演萧伯纳的剧作。这在戏剧史上是空前的。

这个戏剧节上，以演出萧伯纳的《苹果车》作为开幕式。赫理斯对这件事发表了自己的看法：

莫尔文戏剧节是财富和声望把萧伯纳的地位提到何等高度的最好说明。这个戏剧节使他的文艺事业达到了登峰造极的境地。

1929年夏天的一切筹备工作似乎是为了证明，这个戏剧节以萧伯纳的一个新剧本的演出作为开幕式。可使英国的戏剧运动与德国萨尔茨堡和拜罗伊特等地的戏剧节一争长短。

莫尔文本来是伍斯特郡的一个风景优美的小山城，是瑞典的夜莺、著名女高音歌手詹尼·林德的长眠之地，四周环绕着的是历史上的纪念碑和美丽的农村，但这个胜地和其他胜地一样，对戏剧并不是非常热衷。

但萧伯纳很喜欢这座小城，因为那边没有电车，又因为爱德华·埃尔加爵士就住在邻近的地方。在“莫尔文戏剧节”开幕之前的几星期，这里的人们却对萧伯纳的《苹果车》不可思议地发生了浓厚的兴趣。

在戏剧节开幕当天的清晨，那些一直以待在伦敦西区为荣的剧评家们，却成群结队地乘坐4小时的火车，从伦敦赶到莫尔文去欣赏《苹果车》的演出。

从伯明翰到格拉斯哥，以伦敦为最终目的地，戏剧的演出是每天的常事，剧评家向来是不愿意离开伦敦的西区去欣赏戏剧的。

赫理斯对此评论说：

他们这一次去莫尔文朝圣表明：要么萧伯纳已经控制住整个新闻界，要么这个剧本就是他最优秀的作品，是新闻记者不得失之交臂的作品，两者必居其一。

而且，人们都为能亲眼目睹戏剧大师萧伯纳的风采而兴奋不已。大家看到他神情潇洒、举止大方。他爬过山，其行动之敏捷灵活使青年们大为惊奇。他在城里的游泳池游泳，使那些未入社交界的少女们大为高兴。他还在其他活动中度过了非常快活的时光，使人们在敬佩之余对他顿生崇敬之情。

与此同时，美国戏剧界也有一些热心的人，他们积极创办了“戏剧协会”，他们演出了萧伯纳的《伤心之家》和《千岁人》，并获得了成功。之后，萧伯纳又专为他们写了好几部作品，同样取得了很不错的效果。

另外，还有一个名叫查尔斯·麦克多纳的人，他组织了一个“麦克多纳剧团”，利用过去考特剧院定期换演的萧伯纳的剧本，在英国巡回演出。

萧伯纳从剧院的经营经验中提出一个建议，提倡他们建立低票价的大剧院，票价分别为 6 便士、1 先令和 2 先令半，然后每周专为富豪演出一次，这样，就可以满足各个不同阶层的观众的需要。

热烈拥护社会主义

1917年，俄国的十月社会主义革命爆发了。这个消息传到伦敦，资产阶级大佬们一片恐慌，而萧伯纳却仿佛在无边的黑暗中看到了一丝曙光。他非常高兴地写信给赫理斯：

亲爱的佛兰克·赫理斯，从俄国传来了好消息，可不是吗？这不是参战国所期望的事，犹如俾斯麦不愿使法国在1870年成为共和国一样。

但是上帝用种种方法去完成他的工作。他已经为我们做了安排，这大概不是什么令人惊异的事吧！

萧伯纳对社会主义革命一直抱着同情的、欢迎的态度，他坚决地拥护俄国革命，并和伟大的无产阶级革命家高尔基结下了深厚的友谊。因此，这一时期萧伯纳的政论作品及艺术作品中，苏联的题材成了新的主题。

关于第一次世界大战，萧伯纳曾经在他的《关于这次战争的常识》中，揭露了资本主义的本质、帝国主义之间的战争，表达了对社会主义的向往：

如果有人以为德国帝国主义似乎比英国的更坏些，这只是因为英国人是作伪的能手而已。人类的仇敌既不是德国，也不是英国，而是资本主义和帝国主义，不管它们装饰着什么外衣。

英国的米字旗也好，法国的三色旗也好，德国的帝国之鹰也好，这些不过是骗人的把戏。今后世界上只有两面真正的旗帜：民主社会主义的红旗和资本主义的黑旗。上帝的旗帜和财神爷的旗帜。而且，回到城市的军队士兵应当起来发动革命。

萧伯纳发表政论作品，生动活泼地反映了 1917 年发生在俄国的具有世界历史意义的重大事件。他从苏维埃社会主义制度刚刚诞生，就公开表示了对新制度的积极拥护。

当俄国革命受到武装干涉的时候，萧伯纳积极投入到捍卫年轻的苏维埃共和国的运动中去。

1921 年，萧伯纳发表了《俄国的惨祸》一文，他强烈驳斥资产阶级报刊对社会主义革命的诽谤。

另外，萧伯纳还积极支持英国共产党创办《工人日报》，为报纸的发行投入了大量的股金，并成为报纸的终身股东。

这段时间内，萧伯纳不参加任何文艺团体，也不加入任何集团性质的团体。举行午餐会，就是他和妻子招待宾客的唯一方式。

萧伯纳为人比较和善，待人接物，从不受个人感情的影响，有时还很乐意帮助别人。因此，一个人如果不是行为恶劣的家伙，都不可能成为萧伯纳的大敌。

有时，萧伯纳的机智、嘲讽的妙语也会触痛一些人的伤口，他的朋友威尔斯常因此对他大发脾气，而萧伯纳就一方面予以还击，一方面又用极大的耐心来说服他。

英国剧作家奥斯卡·王尔德曾开玩笑说：“萧伯纳在世界上没有一个仇敌，但他的朋友没有一个十分喜欢他。”

萧伯纳与王尔德的会面一生也没有超过 10 次，但他们彼此惺惺相惜。因为萧伯纳家与王尔德家从上一代就认识了。王尔德的父亲曾为萧伯纳的父亲动过眼睛的手术。而王尔德又在伦敦时恋慕过萧伯纳的姐姐。而萧伯纳在写小说没有成功时，一直落魄伦敦，王尔德的母亲就常常邀请他到她家里参加招待会。从那时起，两个人就保持着客气的朋友关系。

有一次，萧伯纳作关于社会主义的演讲。王尔德听后有感而发，写出了《社会主义下的人类灵魂》一文，萧伯纳听王尔德讲过后心里很高兴。

两个人有一次相会于切尔西的一个展览会，而他们感到有趣的是，这个展览会展出的都是一些极其幼稚的作品。

王尔德是个“故事大王”，萧伯纳与他在一块经常是个听众。他们就一个讲一个听，开心地度过了一天。

战争后期，王尔德因昆斯析里事件被捕入狱，萧伯纳起草了一份请求书，要求司法机关释放王尔德。

后来，王尔德出狱后就逃亡巴黎，萧伯纳每出版一部作品，都会寄一本有自己签名的给他，这以后就成为了两个人相互之间的一个惯例。

暮年之路

人生不是一支短短的蜡烛，而是一支由我们暂时拿着的火炬，我们一定要把它燃得十分光明灿烂，然后交给下一代的人们。

——萧伯纳

出访苏联庆祝寿诞

时光飞逝，转眼就到了20世纪30年代，此时的萧伯纳已经年逾古稀了。

虽然萧伯纳有着让常人望尘莫及的创作热情和精力，但毕竟这时已经进入人生暮年，他自觉地减少了日常活动，作品也不像从前数量那么多了。

萧伯纳也一直保持着谦虚温和的态度，无论人们怎么把他当偶像来崇拜，奉承、谄媚他，他都不会表现出傲慢的神态。相反，他更加平易近人，很能体谅别人。他知道，过高的荣誉对一个必须生活和工作的人并没有什么好处。

早在他50岁的时候，曾应允著名雕塑家罗丹为自己塑像。当时，一个摄影记者在萧伯纳刚要走出浴室的时候碰见他，请他装出愉快的样子。

萧伯纳幽默地说："那我来做一个罗丹的《思想者》的姿势吧！"不料他没留神竟然摔了一跤，鼻子吻在了浴室的地板上。等照片印出来以后，他看了苦笑着说："没想到我倒露出一种神秘的表情，一点也没有深思的样子。"

他还诙谐地说道，他希望1000年后的名人词典提到他时写明："萧伯纳：罗丹塑的一座半身像，格外默默无闻。"

有一些与萧伯纳初次见面的人，面对着他那活泼快乐的样子，还有那老顽童般自然率真的可爱神态，都会不自觉地受到感染，也会心情舒畅起来。

由于萧伯纳的工作还是十分繁忙，因此他经常有些不胜其累。于

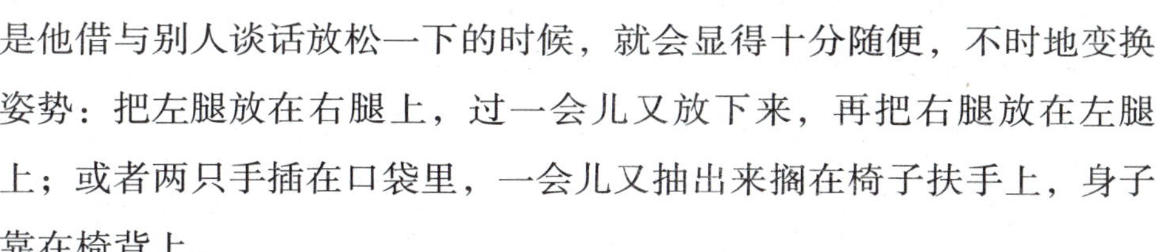

是他借与别人谈话放松一下的时候，就会显得十分随便，不时地变换姿势：把左腿放在右腿上，过一会儿又放下来，再把右腿放在左腿上；或者两只手插在口袋里，一会儿又抽出来搁在椅子扶手上，身子靠在椅背上。

萧伯纳是一个忠实坦白、爱开玩笑的人，他有时会与人谈话的时间很长，而且不时地突然大笑几声，然后再低下声音交谈。人们与他谈话也很放松，会为他那潇洒的态度而折服。他们海阔天空地聊着，并不一定围绕着一个话题，而且话题甚至并不是重要的。

早在第一次世界大战爆发之前，萧伯纳就辞去了担任了25年的费边社执行委员会委员的职位，让年轻的社员得到锻炼的机会。不过，他毕竟是一个名人，还不得不应邀去参加一些政治演说、公众讨论等活动，他的言论和举动仍然受到社会的普遍关注。

1929年，73岁的萧伯纳就曾在广播电台作了一次关于民主政治问题的广播演讲，他还一直致力于揭露资本主义的虚伪民主，同时宣扬社会主义真正的人民大众的民主。

因此说，萧伯纳是一个社会主义者，虽然他的思想中还带有些费边社根深蒂固的改良的主张，但他始终关心着社会主义事业，并一向对社会主义极为拥护和大力支持。

1931年，在资本主义世界经济危机中，75岁高龄的萧伯纳应邀访问了苏联。莫斯科热烈欢迎这位“欧洲最勇敢的思想家”。萧伯纳在莫斯科会晤了斯大林。

莫斯科人民举行隆重的生日宴会，庆祝萧伯纳的75岁寿辰。

萧伯纳十分激动，他又一次对社会主义制度大加赞赏：

如果列宁的实验获得成功，这个实验将是人类新时代的开始，如果这个实验失败，我将怀着悲哀离开这个世界。但如果人类的未来是列宁所看到的未来，那么，我便可以微笑着，毫无恐惧地瞻望未来。

我向周围望了一下，就看见所有人的脸上都有一种新的表情。而这种表情，在资本主义的西方，你们是看不到的。不过，我却希望，在将来有一天，我们到处都可以看到这种表情。

高尔基因为生病未能参加宴会，他写信给萧伯纳祝寿时说：

我因患喉头炎，不能前来莫斯科和您紧紧地握手，和您这个勇敢的战士，富有天才的人握手。

您已经活了一个世纪的3/4，对那些具有保守倾向与庸俗见解的人，曾经用您的尖刻辛辣的俏皮话不断地给予致命的打击。

我非常高兴知道您在这个对您有崇高评价的国家和人民中欢度您的75岁诞辰。

我国对您是极为重视的。我国人民已开始和您所讥讽的世界作最伟大的斗争，正在顺利地进行着这个斗争，而且一定能够获得胜利。

萧伯纳在苏联访问期间，参观了社会主义建设，接触到了建设新社会、新文化的苏联人民，所有这些都给他留下了非常深刻的印象。

一天，闲暇时萧伯纳漫步在莫斯科街头，遇到一位可爱的小女孩，一时兴起，便很高兴地与她玩起了游戏。

这一老一少玩儿得很高兴，到了分手的时候，萧伯纳得意地对小女孩儿说："回去告诉你妈妈，今天跟你玩儿游戏的可是大名鼎鼎的萧伯纳。"

谁知小女孩儿望了萧伯纳一眼，学着他的口气，骄傲地说："你也回去告诉你妈妈，今天跟你玩儿游戏的可是小女孩儿娜塔莎。"

小女孩的回答使萧伯纳大吃一惊，他立刻意识到自己对一个小孩的傲慢，事后，他感慨万分地对朋友说：

一个人无论有多大的成就，对任何人都应该平等相待，常常保持谦虚的态度。这个莫斯科小女孩儿给我的教训，是我一辈子也无法忘记的。

真正伟大的人是不会觉得自己很伟大的，正是因为他们意识到自己的渺小，才使他们的形象变得高大。

当我们取得了一点成就、拥有一点财富或地位的时候，不要沾沾自喜，更不要得意忘形，不要忘了，我们只是芸芸众生中的普通一员。

在离开苏联的欢送会上，萧伯纳说："我正要离开一个充满希望的国家，而回到一个充满着绝望的国家。"

在返回英国途经华沙的时候，萧伯纳又对一个新闻记者说："回到资本主义真是活受罪。当你亲眼看到布尔什维克主义时，你对资本主义必定要灭亡就不会有丝毫怀疑了。"

回国之后，萧伯纳不顾一些反动机关刊物的恶毒攻击，毅然决然地发表了他的访苏观感。他认为，对苏联的参观访问是他一切"旅途回忆"中印象最深刻的一次。而且，萧伯纳还发表了大量的谈话和文章，提及苏维埃人民建设社会主义的卓越成就。

1931 年 11 月 8 日，萧伯纳在《每日晨报》上发表了一篇文章，他指出：

俄国对于民主问题的解决，表明苏维埃俄国至少超过资本主义世界一个世纪。在一般文化水平提高方面，现在那儿已经取得巨大的成功，苏维埃政权在所有文明世界中是最有能力和最开明的。

资本主义制度的结局必然是文明破产。我们能够摆脱这种制度的时候已经为期不远了，而那是以 90% 的人类的可怕的苦难和可耻的贫困为其代价的。

古稀之年笔耕不辍

1932年3月，萧伯纳正在从科西嘉到撒丁岛的途中，他开始写作《真相毕露》这个剧本。

这同样是一部“政治狂想曲”。在该剧中，萧伯纳为读者和观众揭露了英帝国主义衰败、没落、危机四伏的境况。而以“合理的社会联邦共和国”的名称来指代苏联这个体现着真理、正义和希望的社会主义世界。

此时的萧伯纳，已经变成一位战斗的勇士，他宁愿说出苦涩的真理，而不愿说甜蜜的谎言。他认为，建立在谎言、虚伪和欺骗之上的资本主义社会中，如果你想升官发财、飞黄腾达，就只能走一条无耻的、卑鄙的巧取豪夺的道路。

剧中3个狂妄的青年自甘堕落，他们过着一种游手好闲、无所事事、饱食终日的寄生生活。他们都拥有着大量的财富，能使他们继续沉溺在这种“自由”而放荡的生活中。

但是，现实的生活却与他们的希望背道而驰，他们并没有因为手中的金钱而感到幸福快乐。“他们花了这些钱，除了没有止境的惶恐不安与醉生梦死之外，一无所获。”因此，幸福并不在于是否富裕，如果他们再继续这样的生活，只会给他们带来颓废、伤心和绝望。

萧伯纳在以前的文学和政论作品中也提到了这种思想：

> 金镣铐和铁镣铐是一样沉重的，富裕不但不能使人幸福，而且还会破坏人的生活，我们最好能够摆脱这些镣铐的束缚，应该追求真正幸福的社会生活。

萧伯纳在《真相毕露》中充分发挥了他的艺术技巧，他构思出一系列稀奇古怪、异想天开而复杂多变的情节，而真实的日常生活与荒诞无稽的虚构的东西巧妙地穿插结合在一起，妙趣横生、诙谐幽默，令观众在捧腹大笑之余，体会到生活中的苦涩和真理。

剧中人物的争论、演说和说教，则是直接点明了资产阶级生活的奢侈、腐朽和堕落。

在第一幕开始时，萧伯纳不惜用重墨描绘了患病姑娘所生活的一个令人窒息、难以容忍的生活空间：

那间“位于英国富裕小城的华丽别墅里的”“富丽堂皇的卧室”里，陈设着豪华、奢侈的家具和摆设。但是，这座“有如牢狱一般”的卧室里，却吹不进“一阵新鲜的空气”，渲染出一种气氛：一场带有悲剧色彩的滑稽剧即将登场。

女主人公的生活环境，表明这个患病的姑娘是一位有身份、有地位、“值得尊敬”的贵族女子。“房间的一切陈设都表明了这位女主人有足够的钱在最讲究的、专门迎合富有的顾客胃口的商店购买最贵重的东西。”

但就在这间奢华的卧室里，有个胆大妄为的小偷潜入，患病姑娘与其发生了激烈的争吵。争吵的结果出乎所有人意料，她突然决定离开这个“镀金的笼子”，离开这个让她感觉闷得透不过气来的厌恶的家。

在剧中，复活的“细菌恶魔”狂笑不止，而小偷却像一个庄重的演说家在进行正义的说教，讲述着那个上层姑娘怎样冲破了奢侈生活的牢笼。

然后，萧伯纳又描述了冲出牢笼的姑娘与她的伙伴奥毕理、齐普卡以及驻扎在海岸边、椰子树丛中的英国远征军的代表的一些奇特的经历。

本来远征军的任务是负责镇压地方强盗的残暴行径。但令人诧异的是，当地的土著人当中根本就没有做强盗的。逃出家庭的患病姑娘穿着下层人的衣服住进了营房，她生平第一次感到无比的自由和快乐，敞开胸怀呼吸着大自然的新鲜空气。

她在这种状态之中，产生了对从事工作的渴望，否则她即使脱离了家庭，也无法脱离苦闷和彷徨。她意识到，自己不幸福的根源，就是因为无所事事，无处可去，是一个地道的“无家可归的流浪者”。

患病姑娘认识到她们这一类“无望的一代”的特点：心慌意乱、心灵空虚、茫然无为。

但是，她在对自己和周围的世界观察体会过后，却仍然得出让人悲观的结论：“我们值得尊敬的地方就是妄自尊大、假仁假义；而我们的虔诚就是贪得无厌、自私自利。”

苦闷万分的女主人公企图从绝境中找到一条出路，幻想实现“妇女们的某个团结合作”，但她却不知如何着手。

剧中的其他人物，也都因为找不到出路而苦闷、徘徊，庸俗放荡的齐普卡，小偷奥毕理和随军牧师等，他们脚步蹒跚，时而趔趄，时而绊倒。这些不可思议的行为举止，都具有深刻的寓意：他们的心灵都受到严重的摧残，饱受战争和现实社会的折磨，痛苦不堪。其实他们都已经深刻意识到了现实生活的无聊和空虚。

萧伯纳在整部剧中，都细致表现出战后资产阶级知识分子意识中的沉重危机感，从而提出了人类的前途问题，并且在新阶段上继续了有关生活的意义与现实社会制度的争论。

萧伯纳大力提倡他的积极的人道主义，强烈抨击那些把人类贬低到动物程度的颓废派言论。他通过奥毕理的口来表达出这种情绪：“我们现在都直立着，并不屈膝，甚至并不低头，并大声叫喊：站起来吧，大家站起来吧！能够直立是人的特征。让低级动物去爬行吧，我们并不俯首屈膝。”

萧伯纳在揭开寄生生活与游手好闲的毫无意义的生活疮疤之后，积极鼓励人们寻找走向幸福生活的道路。

萧伯纳还在剧本中描写了普通劳动人民的形象和心灵高尚人的形象。他不但描绘了深夜的黑暗，而且也指出了黎明的曙光，他把人道主义的良好意愿引向了苏联这个“合理的社会主义联邦共和国”。

后来，萧伯纳接连又创作出《乡村求爱》《触礁》《加莱市的六个自由民》《意外岛上的蠢人》《女百万富豪》《重写辛白林第五幕》《日内瓦》《在贤君查理的黄金时代》等剧本，这表明萧伯纳即使已是古稀高龄，但仍是一位高产剧作家。

1932 年，萧伯纳还写了一部中篇小说《黑女求神记》。这是按照伏尔泰的传统而写成的一部具有抨击性的极富辛辣嘲讽意味的小说。萧伯纳在小说中以尖锐怪诞、引人入胜的形式反映了为私人利益服务的宗教的社会本质这一根本问题。在小说中，天真烂漫的黑女一心想要去寻找上帝，她对宗教思想欺骗的势力进行强烈抗议。

有一次，她遇到了一些白人，她对他们说：“你们是偶像崇拜者，你们是未开化的人。当我找到上帝的时候，我就会获得精神上的力量来消灭你们，并教育我们的民族不要自相残杀。”

在小说的最后，黑女按照英明的老前辈伏尔泰的指引，在自己的园林里安然地耕耘着，而且最终发现上帝就在自己身上。

《黑女求神记》中广泛涉及了比如宗教与科学、民族压迫、暴力等许多与人类命运密切相关的重大问题，还有受到“世界危机时期”侵害的资本主义文明的前途问题等。对这些问题的观点，萧伯纳都在小说里把自己的观点鲜明地提了出来。

在这一时期，萧伯纳除了创作许多剧本和小说之外，他还周游了几个国家。

1932 年底，萧伯纳偕夫人夏绿蒂搭乘“不列颠皇后号”邮轮，开始了夫妇环球旅行。萧伯纳已经是古稀之年了，他本人并不十分喜欢远行，但是夏绿蒂却十分喜欢外出旅游，萧伯纳想到陪伴自己30多年的妻子一生都在为自己忙碌，这时也应该满足她的爱好。他冒着水土不服的反应和不愿参与社交场合的麻烦，陪伴夫人观赏沿岸异域风光。

这次旅行也的确使萧伯纳大开了眼界。在新西兰时，他怀着浓厚的兴趣观赏那里旖旎的风光，并被那儿淳朴的乡情所吸引，甚至想要在那里定居下来，度过自己的晚年。

以前，萧伯纳只在欧洲大陆和法属北非各地漫游，最南只到过马德拉，最东抵达了莫斯科，最北到达过瑞典首都斯德哥尔摩，离美国最近的地方只有牙买加。而这次，他不但到了南半球，比如新西兰，而且还到美国访问了一些城市。

萧伯纳在去美国之前，一直把美国当作批评和嘲笑的对象，多次发表痛快淋漓的言论把美国骂得体无完肤，他说过："100个美国人当中，99个是傻瓜。"因此，此前一直没有去过他一直关注着的美国。

不过，萧伯纳的戏剧却是在美国最早受到了观众的欢迎。赫理斯曾说过：

> 他把美国骂得痛快淋漓，其勇气不在其他任何英国作家之下。他无求于深受美国人的殷勤款待之苦，也不需要在美国人负担费用的情况下靠巡回演讲来发财致富。
>
> 美国人有一半跑来找他，还有一半拥护他。他知道美国的一切弱点，也知道美国的长处。这是不足为奇的，因为他的观点比任何人更接近美国人的观点。

萧伯纳通过阅读报刊，对当代美国仍有一定的认识。但美国人却早就匆匆忙忙地对待萧伯纳的作品了。当美国人探知他早期创作的小说还没有取得版权时，他们“拿他的小说在美国各地大肆宣传：每本售价美金 1 元 5 角，不必付版税给那位受到阿谀奉承的作者”。

美国人的迅速行动和先见之明给萧伯纳帮了大忙，使他在 20 世纪初就开始获得可以过富裕生活的收入。自从 1920 年以来，纽约戏剧协会最先演出萧伯纳的 3 部最优秀的作品，《伤心之家》《圣女贞德》和《千岁人》。这说明，虽然萧伯纳和美国之间有一些小分歧，但事实上却有许多共同点。

30 年来，萧伯纳不断接到访问美国的邀请，有时一个月就要拒绝好几次，有时甚至有人传说他真的打算去美国了。但他始终没有成行。

而这次环球旅行时，萧伯纳终于踏上了美国的土地。他出乎意料地受到了热烈的欢迎。通过对美国几个城市的参观访问，萧伯纳对美国有了更切实的亲身体验。

各大报刊都报道了萧伯纳的这次美国之行。有人问萧伯纳：“为什么您的名字总是在报刊上引人注意?”

他诙谐而自豪地回答说：“为什么天上的太阳总是那么惹人注目呢?”

对中国进行友好访问

1933年，77岁高龄的萧伯纳和夫人夏绿蒂来到了他久已盼望的东方神秘大国中国。

对于萧伯纳的戏剧，中国人民一向为之倾注热情。早在中国话剧运动开始的初期，1921年春，汪仲贤、夏月润等人就在上海新舞台演出过他的作品《华伦夫人的职业》。

萧伯纳的戏剧当时已有30余部被译成中文在国内出版，其中有的有两三种译本。

2月16日的上海《申报》转载路透社15日电文，最先发布萧伯纳离港来沪的“预报”：

> 英国大文豪萧伯纳及其夫人，此次乘昌兴公司之“英国皇后”轮，周游世界由美经欧洲而至香港，萧氏于昨日晨6时已搭乘该轮，从香港开出，直达上海。预计明晨6时，船到吴淞口，萧伯纳夫妇及各团员，将在新关码头上岸。

正因为没把萧伯纳当作“伯纳萧”这样的外人，所以中国人也就不必客气了，早在萧伯纳登上中国的海岸之前，郁达夫在上海的报纸上撰文说：“我们对于萧的希望，就想他能以幽默的口吻去向世界各国说出我们政府对于日本帝国主义入侵后的幽默，与国联对于此事的幽默，另外倒也没有什么。”

而邹韬奋则更希望老头儿能在中国振作振作国人的社会主义精神：“他是一个社会主义者，他的有声有色的著作都是在揭发暴露现代资本主义社会的矛盾和腐败黑暗，在我国所谓‘有力量的人’尚彷徨于歧途中的时候，这位老先生到中国来走走，我们当然尤其表示欢迎。”

2月的上海虽说不上严寒，却也是凉风嗖嗖，寒意袭人。17日凌晨5时，天还未亮，宋庆龄和杨杏佛等人就站到了上海码头上。

宋庆龄所以不避风寒，亲自到码头迎接，主要的并不是因为萧伯纳在世界文坛上的名气，而是因为萧伯纳有鲜明的爱憎，一贯坚持把讽刺的矛头指向一切罪恶势力，把同情的手伸给新生的社会主义国家和东方被压迫的民族。特别是她和萧伯纳两人都是世界反帝大同盟的名誉主席。当时，宋庆龄是想通过对这位世界瞩目之名人的接待，来抨击日本侵略者和中国的法西斯统治。

早晨6时，萧伯纳夫妇一行由香港驶抵吴淞口后，宋庆龄迎着凛冽的海风，立即登上甲板，与满头银丝而仍精力旺盛的萧伯纳热烈握手，对他耄耋之年还雄心不已环游世界的精神表示钦敬，也向他登上中国的土地表示热烈欢迎。而一贯以幽默机智见长的萧伯纳随即以机警的口吻，开始了他们之间愉快的对话。

6时45分，萧伯纳邀请宋庆龄共进早餐。登岸之前的长达4个小时里，他与宋庆龄一直在密谈。

他们的密谈始终围绕危机的中国与红色的苏俄。萧迫切地想知道危机的中国里正在发生的一切，他问中国对日本的侵略有什么准备，

问“满洲国”是一个怎样的政府，问南京政府与红军能不能成立一种联合战线来抵抗日本，甚至迫不及待地问：“苏维埃区域在哪里？有多大面积？”

萧伯纳还想知道孙夫人在国民党里的地位，夫人恨恨地说：“一点儿没有关系。自从1927年的革命统一战线在汉口破裂以后，我就脱离了国民党。嗣后我跟他们没有一点儿关系。”

又谈到如何消灭帝国主义的战争，两人都认定非战组织的会议不能真正停止战争，但孙夫人显得更为激进，她说：“真能消灭战争的唯一方法，只能是消灭造成战争的资本制度。”

萧伯纳反问宋庆龄：“但是我们不都是资本家吗？我自认有好几分是，你难道不是吗？”

宋庆龄的回答斩钉截铁：“不！完全不是！”

谈及苏俄的时候，萧伯纳总是赞不绝口。他向宋庆龄讲述了自己前年游历苏俄的见闻和美好感受，说苏俄拥有世界上真正的自由。

因为夫人夏绿蒂身体欠佳，萧伯纳本来不想再登岸了，所以推辞道：“除了你们，我在上海什么人也不想见，什么东西也不想看。现在已经见到你们了，我为什么还要上岸呢？”

宋庆龄笑答道：“上海是有不值得见的人、不值得看的东西，您尽可不见不看。但您既是环游世界，到上海而不下船不上岸，这能算您到过上海吗？现在我请你到我的家里做客，一是尽我地主之谊；二也是成就你真正环游世界的宏愿。”

萧伯纳既感叹于宋庆龄的热情，也惊讶于宋庆龄的口才，不忍拒绝，于是随同上岸。从巨大的游轮下来，到达码头还需坐两个小时的小艇。他们彼此之间一路谈锋甚健。

10时30分，一行人等转乘宋庆龄来迎接的海关小轮在杨树浦蓝路码头登陆。

2月17日当天到现场欢迎的有中国电影文化会代表、上海剧团联合会代表洪深、戏剧协会代表应云卫、上海各学生剧社援助义军游艺大会代表团，以及各行各业崇拜萧伯纳的青年男女400多人。

是日阳光明媚，由于萧伯纳访问上海前的几天里，上海一直阴雨连绵，这天恰好放晴，所以有人对萧伯纳说："您真有福气，在上海见到了太阳。"

"不！"萧伯纳立即回答道，"是太阳有福气，在上海见到了萧伯纳。"

民权保障同盟会的林语堂、邵洵美等诸君和中外新闻记者20多人，也在欢迎的人群之列。现场打出了诸多欢迎横幅、标语，大多为"欢迎革命艺术家萧伯纳""欢迎和平之神萧伯纳""欢迎同情中国土地完整的萧伯纳"等，"热烈情形，为历来少见"。上海各界，掀起了一股"萧伯纳热"。

在外白渡桥礼查饭店与代表团成员稍作寒暄后，萧伯纳即赴亚尔培路会晤中央研究院院长蔡元培。

中午12时，宋庆龄作为东道主在上海莫利爱路寓所，接待这位不远万里来沪的贵宾。待到宋庆龄家中时，鲁迅、蔡元培、伊罗生、史沫特莱和林语堂等人，已在等候。

大家看到，已经77岁的萧伯纳鹤发童颜，精神矍铄，与宋庆龄谈笑甚欢。萧伯纳的心情也很好，他甚至走到了鸽棚前，想抚摸一只无知的小白鸽，只是那小东西毕竟怕人，或许更怕洋大人，"扑"的一声飞走了。

其间，萧伯纳与宋庆龄、蔡元培、鲁迅、林语堂、杨杏佛、梅兰芳、伊罗生、史沫特莱、邵洵美等上海名流进行了愉快的交谈。这次历史性的会面，成为著名的中西方文化交流事件。

尽管由于各种条件的限制，萧伯纳对当时的中国国情也是知之甚少，但他对中国人民却十分友好，对中华民族也是充满了信心。他曾应上海《时事新报》之邀，在香港发表了一篇《中国人民书》，表达

了对中国人民之意见，他宣称：

中国人民，如能一心一德，敢问世界孰能与之抗衡？

在莫利爱路寓所，当话题谈到苏俄时，萧伯纳说：“我曾经会过列宁夫人克鲁普斯卡娅。听说斯大林告诉她，假使她继续找政府的麻烦，他可以取消她的列宁夫人头衔。”话题一转，他转向宋庆龄：“南京政府曾打算取消你的孙中山夫人头衔吗？”

宋庆龄笑着答道：“还没有，但他们很愿意。”

“你真是一个令人生畏的天真孩子。”萧伯纳回答说。

萧伯纳作为当时世界反帝大同盟的名誉主席之一，他当然十分关心中国的抗日准备情况。席间他问宋庆龄：“请明确告诉我，中国目前为对付日本的侵略采取了什么办法？”

宋庆龄说：“几乎没有。南京政府眼下把最精良的武器和军队都用来对付中国红军，而不是日本人。”

萧伯纳当时还十分关心国共之间合作的可能性问题，他问：“是不是可能使南京的军队和红军组成一个反对日本的统一战线？”

宋庆龄告诉他：“去年 12 月，在华中地区的苏维埃政府发表了一项宣言，如果南京政府停止向苏区推进，苏维埃政府愿意同任何部队达成共同抵抗日本侵略的作战协议。”

萧伯纳称赞说：“这个协议够公平的。”

宋庆龄很遗憾地说：“但却没有被南京政府接受。从那时以来，南京的军队又一次发动了对苏区的进攻。”

吃饭过程中，萧伯纳又问起：“到底国民党是什么，南京政府又是什么？”

宋庆龄用简洁的语言回答说：“目前国民党就是执政党，同南京政府是一回事。”

“但是谁选出的这个政府呢？真正的权力在谁手里？”

“谁也没有选谁。蒋介石因为有他的军队，所以他是独裁者。”

萧伯纳又问：“请告诉我，孙夫人，关于国民党和这个政府，你的立场是怎样的呢？”

宋庆龄告诉他说：“当革命统一战线在汉口解体时，我就同国民党脱离关系到国外去了。从此我就同国民党不相干了。因为它屠杀人民、背叛革命。”

萧伯纳感叹道：“您真是个天不怕地不怕的人。当然，您说的话他们是会害怕的。”

14 时 30 分，萧伯纳离开莫利爱路寓所，要去法租界世界学院参加国际笔会中国分会，见到门口守候的许多记者，说 15 时后请大家派 6 位记者代表再到宋宅，他愿接受采访。洪深把萧伯纳这句话翻译给其他记者。

随后，就由洪深陪着萧伯纳，坐车来到法租界内福开森路上的“世界学院”大洋房，出席世界笔会中国分会在这里举行的欢迎典礼。

那里早就聚满了等待的人们。

萧伯纳终于出现了，众人合围过来。这一围又惹出了老头儿的俏皮话，他说：“此刻演说，其实是不必要的，因为在座诸君都是著名作家，我来这里演说，用中国话说叫‘班门弄斧’；普通人都以为作家是神秘伟大的人物，现在诸位却都是晓得内幕的人，何必还要多说呢？这就如同观看动物园里的动物，现在你们都看见了，该心满意足了罢。”

众人哄笑，大约又以为是讽刺。

当时，在座的除了蔡元培、杨杏佛等人外，还有叶恭绰、张歆海夫妇、唐瑛等人。

不会说中国话的萧伯纳和不会说英国话的梅兰芳这两位东西方戏剧大师亲切见面了，于是由张歆海做翻译，作了学术交流。萧伯纳听说梅兰芳已经在舞台上活跃了30年之久，注视着梅兰芳的面容，大为感叹说："君诚有驻颜术吗？"

萧伯纳又问梅兰芳："我有一件事，不很明白。我是一个写剧本的人，知道舞台上做戏的时候，观众是需要静听的。可中国的剧场反而喜欢锣鼓齐鸣，难道中国的观众喜欢在热闹中听戏吗？"

梅兰芳婉转地解释说："中国的戏也有静的，譬如昆曲，自始至终不用锣鼓。"

这时就有人在一旁帮腔说："梅大师的戏便是不用锣鼓。"

后来，有人曾作诗一首，记述萧伯纳与梅兰芳的会面：

两雄吟

两雄握手太荒唐，万里相逢个半郎。
笑问驻颜狂伯纳，漫夸爱族俏兰芳。
夫人莫道华伦贱，博士能令文学香。
只恨匆匆又离别，未曾色相一登场。

萧伯纳还兴致勃勃地鉴赏了笔会送给他的"泥制戏装鬼脸"脸谱，看过之后说："戏里有武生、老生、小生、花旦、恶魔的不同，都可以在面貌上辨别出来；但是我们人的面貌却大都相同，而内心不见得相像。"

15时，笔会的活动一结束，洪深又陪着萧伯纳回到莫利爱路寓所宋宅，在阳光花园内接受中外记者的采访。到了门口，洪深没有忘记刚才萧伯纳的话，说："请新闻记者们公举代表6人进去。"

就在大家争抢这几个名额时，萧伯纳大概察觉了什么，征得宋庆龄的同意后，他让在场的记者都进入宋宅采访。

因为室内容纳不下，他们就在房后花园的草地上进行了集体采访。在众多记者面前，萧伯纳往往借记者的提问而大加发挥，他巧妙地阐述自己的观点，对反动势力冷嘲热讽。这位英姿勃勃的高大老人“振其雄辩，滔滔不绝，间杂以诙谐讽刺，警语透关”，可谓非常健谈，而且妙语连珠。

而每当萧伯纳妙语涌出时，宋庆龄就带头为他热烈鼓掌。

当时，宾客之间漫谈话题十分广泛。当说到新闻界时，宋庆龄介绍说：“新闻界完全听命于当局。国民党发表消息，说我是他们的中央执行委员会委员，或者说我说了这个那个，或者说我和反动将军们一同旅行，或者说我参加了这个那个委员会等。而当我出来否认时，他们就下令报纸不许登载我的声明。”

萧伯纳说：“当然，他们会这样做！如果让老百姓知道你是怎样想的，他们就不得了了。”

说到新闻报道的炒作，萧伯纳打了一个形象的比喻：“你看，如果报上说我萧伯纳谋杀了我的岳母大人，那将是一条轰动的新闻，不是吗？但如果我否认，说这是瞎话，我今天早上还好好地同岳母大人一起用的早餐，那他们就认为这不是什么好新闻了。”

萧伯纳的这个风趣比喻一时引起了在座众人的笑声。

当谈到自由问题时，萧伯纳调侃了某些西方国家标榜的所谓自由。他说：“什么是自由呢？在印度，英国人让印度人受到陪审团的自由审判。当陪审团宣告犯人无罪时，法官就撤销这个判决，而仍然判他入狱。这些就是所谓的英国自由制度。”

萧伯纳又对中国文化提出了批评。萧伯纳称，中国今日向西方搬取许多失有效用贻害大众之所谓“文化”，譬如议会“首先则推倒帝王之统治，其次又推翻教堂之威权，但最后却不曾推倒资本之势力”；而英国的大学，“几乎将个人之自由意志，摧残净尽，而用陈旧无用的老古董塞进学生的头脑，使他们变成一定格式的人物。似此种所谓西方之文化，中国搬它来有什么益处？”

又有记者问萧伯纳东方被压迫民族如何才能谋得出路？萧伯纳沉

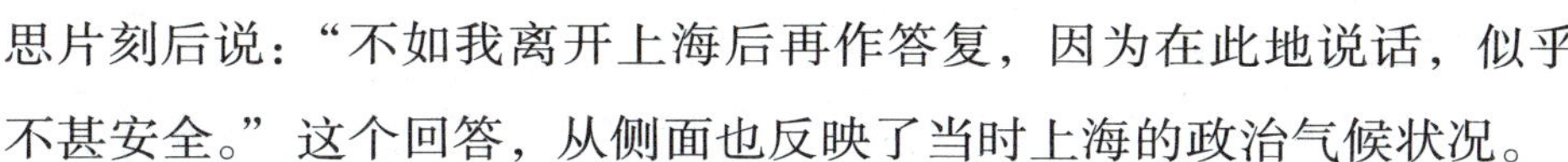

思片刻后说：“不如我离开上海后再作答复，因为在此地说话，似乎不甚安全。”这个回答，从侧面也反映了当时上海的政治气候状况。

而当另一记者追问萧伯纳“此种答复，对于中国殊少帮助”时，萧伯纳才开始大谈特谈“资本主义之崩溃、马克思主义之精神，及苏维埃俄罗斯革命之方法”等。

涉及中国革命的具体方法，萧伯纳说：

> 被压迫民族应当自己解决自己的问题，中国也应当这样干：中国的民众应该自己组织起来，并且他们所要挑选的统治者，不是什么戏子或者封建王公。

当记者问及英国对华政策时，萧伯纳笑答：“英国人士可谓无一人认识中国，故根本谈不到政策，而且，今日英国本身问题，亟待解决者至多，决无余暇再过问中国之事。”不过，萧伯纳说：“中国今日所需要的是，为良好政府和实际工作。”

鲁迅在《看萧和“看萧的人们”》中说：“我对于萧，什么都没有问；萧对于我，也什么都没有问。”事实上，东西方两位文学大家见面，没有碰撞出火花才是怪事呢！

当时，萧伯纳见到鲁迅时说：“人们称你是中国的高尔基，可是你比他漂亮！”

鲁迅回答得也很风趣：“我更老时，还会更漂亮。”

萧伯纳在上海虽然只停留了一天，但这一天由于宋庆龄的安排和介入，使萧伯纳有了很好地展露其观点的时机。而他对反动派的嘲讽之语，也支持了宋庆龄领导的中国民权保障同盟的正义斗争。他们之间的战斗友谊，可说已经永远地载入了史册。

萧伯纳此次在沪行色匆匆，留沪时间仅为8.5小时，18时，萧伯纳顺原路返回“皇后”轮。当晚11时，便起锚赴秦皇岛，转游北平古都。

当时，中国正值东三省沦陷，北平的一些记者要萧伯纳谈谈对中国时局的见解，萧伯纳含蓄地指出：

中国过于酷爱和平，反受和平之累；日本过于迷信武力，也将必受武力之害。满洲3000万的中国人，必须成为爱尔兰式的革命党，就是要使得每一个中国人，都必须由一个拿着莱福枪的日本兵来监视他，这样的事当然是不可能的。

在中国的这段时间，萧伯纳曾不止一次热情地向中国人民介绍了斯大林领导下的苏联，他说：

苏联最近内部的现象，无论精神上、物质上，都有良好的充分的表现。而这种有规律的进步，不但苏联自己能够得到极好的利益，达到美满成功，就是其他各国也可以借鉴，采用它的长处从而模仿它。

社会主义早晚必然要普遍实行于世界各国，虽然革命的手段和步骤，在各个国家里所采取的方式，也许互不相同，但是殊途同归，到最后的终点，始终还是要走上同一条道路，而达到同一个水平线的。

当然萧伯纳对中国人的劣根性也作了较为尖锐的批判，有两段话令人有如醍醐灌顶之感。一段话是：

中国人的一种奇异的特性，是他们对外国人的那种不可思议的客气和亲善；而在他们自己却老是那么不客气，老是

打仗。不知是什么道理？

这真是一针见血地指出了中国人好“窝里斗”的劣根性。

另一段话是萧伯纳在当时的北平，他看到由于华北受日本人的侵略威胁，当时的政府将故宫的文物悉数南运，而一些中国的富人也纷纷携财产南迁，对此，萧伯纳说：

故宫古物的南迁，于北平文化史上增加了悲痛的一页，好似古物较数百万北平人民的生命更重要的样子。我们赴意大利游历，则罗马时代的种种古物犹存，未闻意大利因为内乱外争，而把古物搬东移西的。

中国富人也南迁，好似北平可以放弃一样，富人的财产不可受丝毫的损失。我不懂是什么道理，是否富人的财产比北平全市的价格高吗？

当时中国人的利己，不顾民族的文化和社会公共利益的劣根性，被萧伯纳讽刺到了体无完肤的地步。难怪瞿秋白称萧伯纳为“世界和中国的被压迫民众的忠实的朋友”，说萧伯纳“把大人先生圣贤豪杰都剥掉了衣装，赤裸裸地搬上舞台。他从资产阶级社会走来，而揭穿这个社会的内幕。他真正为着光明而奋斗”。

鲁迅更是十分称赞萧伯纳具有说真话的勇气，“撕掉绅士们假面”的勇气，是“现在的世界的文豪”。

早在2月16日傍晚，萧伯纳乘坐的“皇后号”已抵达吴淞口外，但他并不打算上岸。这使“萧迷”们大失所望，于是各施绝招，期盼能将他请来上海，一瞻风采。洪深为此也接受了两项任务，一是中国戏剧及电影文化团体派他做代表去见萧伯纳，目的是想请他在上海吃顿饭，发表一场演说；二是上海时事新报社聘请他做一次临时记者，设法采访萧伯纳，写一篇访问记。

萧伯纳访问上海后，洪深写过两篇文章，一篇名叫《迎萧灰鼻记》，另一篇是《幽默矛盾萧伯纳》。前者最早发表于1933年2月18日的《时事新报》上，写他想方设法采访这位幽默大师，最终又没能实现的经历，风趣诙谐，不愧为戏剧家手笔。

萧伯纳离沪后，鲁迅与在他家避难的瞿秋白一起，编了一本《萧伯纳在上海》，《迎萧灰鼻记》曾被收录在该书中。书中另一篇张若谷的《五十分钟和萧伯纳在一起》，就写到洪深担任萧伯纳翻译的情况。

左翼的瞿秋白当时正隐居上海，他虽然没有公开去见萧伯纳，但他也并未闲着，而是始终密切注视右翼的动静。右翼的进攻使这位正害着肺病的革命者义愤填膺，他清醒地看到右翼业已结成“联合战线”，于是搜全了左翼和右翼的言论，进行“比较翻译学”的研究，也就是研究同一句萧的言论为何翻译在不同的报上就真的不同了，这些“不同”可视作“政治凹凸镜”，来折射右翼的丑恶嘴脸。

萧伯纳离开中国后约一个月，瞿秋白编辑的《萧伯纳在上海》面世，上海野草书屋印刷，鲁迅作序。瞿秋白没有露名，署了个“乐雯剪贴翻译并编校”，并将“鲁迅序”也印在封面上。

壮心不已坚持创作

1933 年 2 月 19 日，萧伯纳圆满结束了两天“上海至北平”的中国之行，离开中国乘“皇后号”继续旅行。

即使在周游世界的行程中，萧伯纳仍然不忘戏剧创作。他在邮轮上完成了《乡村求爱》一剧。剧中描写了一些轮船上寂寞的旅行者。

1933 年秋，萧伯纳还创作了一部“两幕政治喜剧”《触礁》，反映了英国的危机与失业状况。

萧伯纳一直密切关注着现实政治，多次发表言论反对资本主义制度，支持社会主义事业，在《触礁》一剧的序言中，他这样写道：

> 我并不对自由写作与畅所欲言抱有幻想。我不久之前曾经周游世界，到处宣传：如果俄罗斯将放弃共产主义走向资本主义，如果中国发展成为横暴的、独立的或者在日本支配之下的资本主义国家，那么在这种情况之下所有西方国家就不得不把自己的军队扩充 10 倍，日日夜夜等着敌人的空袭。
>
> 无论我们是否选择共产主义制度，我们必须竭力支持俄国的共产主义，并促使这种主义在中国发展，因为中国已有好几个省、为数 1800 万的居民实行了共产主义制度，这样做是对我们明显有利的，这种道义是非常明显的。
>
> 我陈述自己的意见时并不受到任何阻碍，并且能够把我的意见发表出来。但是在这个由于害怕马克思主义而感到痛苦的西方世界里，我找不到一个报刊能够支持我的观点，或者登载我的观点。

从这段话中，就可以看出萧伯纳对社会主义和人道主义的自由、人权的渴望。

1934年，萧伯纳又创作出一部《意外岛上的蠢人》。在这个剧本中，萧伯纳以乌托邦的形式指出了殖民地的政策已经危机四伏，同时也说明饱食终日、无所事事的生活是非常没有意义的，更没有幸福可言。

萧伯纳通过他无情的笔，强烈地控诉了游手好闲的放荡生活会产生许多的社会恶行。他借剧中主人公之一哈依耶陵之口表达出这种观点：“我坚信，当我从事某种有益的工作时，我们就不会消失。”这也是萧伯纳为人们指明了无望生活中的前进方向。

萧伯纳再接再厉，他随即又创作出一部简短的滑稽剧《加莱市的六个自由民》。萧伯纳在这一剧本中，无情地批判了伦敦的新闻记者的各种丑恶行径。

在萧伯纳的笔下，国王爱德华三世的形象与新闻记者所描绘的大相径庭，他不再是一个相貌堂堂、和蔼可亲的伟人，一个举止文雅的绅士，而是被刻画成一个残忍的、粗暴的君主。

通过这一剧本，萧伯纳那擅长描写情节迅速且紧张的变化的才能表现得淋漓尽致。

1936年，萧伯纳又写出一部滑稽剧《女百万富豪》。剧中描写了一个女性金融巨头叶比芒尼雅由于过于追求财富而昏了头，她的心灵中除了金钱已经没有人的其他一切情感了。

在叶比芒尼雅眼中，只有金钱是无所不能的，是唯一的、真正的力量，她信奉“金钱能使鬼推磨”，有了钱她就能获得所想要的一切，并使自己成为主宰人类命运的全能的统治者。

由于她贪得无厌地无止境地扩充自己财富的欲望，而使她变成一个无知、狂妄、行为粗暴的女人。

叶比芒尼雅的父亲从小就灌输给她这种思想，她也以父亲为榜样，丢弃了作为女性的一切魅力，只剩下“金融寡头”这个身份，而在人们眼中，她是一个反复无常、残忍粗暴的独裁者与压迫者，一个贪婪的剥削狂人。

萧伯纳通过对人性行为的观察和细致描写，成功地、准确地塑造了女主人公这一真实的异类人物。同时，对她感觉的迟钝和思想的贫乏进行了无情的讽刺，从而提示出她赖以生存的社会的本质，自私自利，丧失人性。

萧伯纳虽然已经进入耄耋之年，但对现实问题的兴趣却依然很浓厚。虽然他尽量减少了社会活动，但仍然力所能及地进行一些有益的尝试，不时地发表一些对社会现实的新观点。

同时，这也有力地回击了一些人宣称萧伯纳已经“日暮途穷、江郎才尽”的恶毒言论。

两年之后的 1938 年，萧伯纳又完成了一部“政治狂想”三幕喜剧《日内瓦》，从而可以看出他的洞察力仍旧敏锐，他的创作精力仍然很旺盛。

这一年，第二次世界大战爆发了。萧伯纳一生往往以少数人自居，只要是他认定的真理，就挺身而出，孤军奋战，勇于承担一个作家的社会责任，谴责大多数人认可的错误见解。因此在这部剧本中，再一次表现了萧伯纳作为壮士的无畏与作家的道义。

萧伯纳在《日内瓦》一剧中，把现实政治与戏剧中的虚构事件紧密地联系起来，以巴特勒和庞巴董尼影射希特勒和墨索里尼，对这两个法西斯头子进行审判。并称这个剧本为“幻想的历史的一页”。

萧伯纳敢于在这一年在剧本中把几位战争狂人、大独裁者作为人类和文化的敌人摆在观众面前，并使其被汇成河流的鲜血照得满脸通红，表明了作者的批判现实主义传统以及在政治上的远见卓识。

同样，萧伯纳也没有饶恕那个英国反动头子奥尔费马沙，正是他的努力，把这样两个人物推上了人类历史舞台，一个狠毒的冒险家、卑鄙的伪君子和一个残酷的刽子手。因此，奥尔费马沙罪不可赦，所以在人民面前，他才会吓得魂不附体。

1939 年，萧伯纳连续创作出两部戏剧，《重写辛白林第五幕》和《在贤君查理的黄金时代》。

在《在贤君查理的黄金时代》中，萧伯纳的创作技巧更达到了登峰造极的地步，他让自己的历史想象力自由驰骋，他丰富的想象力和娴熟的驾驭语言文字的能力体现在描写剧中的一个精彩场面中：风流国王查理和他的情妇著名演员耐尔·格文，以及宗教改革家约翰·诺克斯、画家耐勒和伟大科学家牛顿共聚牛顿的书房内，各执一词，对人生展开激烈的争辩。

有人曾经说过：

《在贤君查理的黄金时代》与 10 年前的《苹果车》，在萧伯纳后期的作品里形成了对峙的两个顶峰，在语言和思想两方面都达到了新的高度。

在该剧中，萧伯纳还充分表现出他创作的独特性和这个时期思想的随心所欲，那就是他为这个剧本加了一个自相矛盾的副标题："从来没有发生过的真正的历史。"

一直奋斗到生命终点

大概是第二次世界大战的原因，进入20世纪40年代之后，萧伯纳的戏剧作品明显减少了。但这一时期，萧伯纳仍然坚持发表言论，指责帝国主义的侵略政策和战争政策，坚决呼吁捍卫苏联社会主义制度，他指出："为了消灭资本主义的罪恶，必须改变社会制度。"

在这样一个战争与动荡的危机年代里，欧洲的作家中，很少有人能够写出重要的著作来了。而萧伯纳从文学的角度来说明他的政治立场，他说：

世界上有千千万万的书籍，但其中很少能在读者心中留下永久的印记。

假使有人请我举出19世纪出版的书籍作为例证，我一定要把马克思和巴克尔两人的著作列在最前面。

1944年，萧伯纳发表了一部政论作品《大众政治指南》。同时，萧伯纳还经常采用剧本序言的形式来写政论性的文章，表达他反对腐朽制度、拥护苏维埃国家及其人民的社会政治见解。

萧伯纳时刻关心政治，他在批评资本主义罪恶的同时，密切地注视着苏联及其巨大成就：

我并不是以一个穷人来反对物质上的不均现象，而是以一个相当富有的人来反对它，但是我知道什么叫作无产者，甚至贫困的无产者。

我历尽了一切艰难困苦，也有一番成就。我出身的阶级是一个最不幸的阶级，我的一生经历了一连串的苦难与穷困，我所经受的挨饿与无家可归的痛苦不是任何人所能经受的。

在《大众政治指南》一书中，萧伯纳更表现了他在两种制度的选择中的坚定立场。在书中，他广泛论证了两个社会的对比，资本主义世界的矛盾以及苏联在社会主义经济与文化建设方面的成就。

在第二次世界大战结束两年后，90 岁的萧伯纳又写出了一部多幕剧《波扬特的亿万财产》。

在这部剧本中，萧伯纳刻画了一个与《女百万富豪》中的主人公类似的资本主义社会里的暴发户的形象。

不久以后，萧伯纳又写出了《牵强附会的寓言》和《莎氏与萧氏》两个剧本。其中《莎氏与萧氏》显示了萧伯纳辩论艺术的高明技巧，似乎是总结了关于他与莎士比亚以往创作上的激烈争论。

关于莎士比亚，萧伯纳早在当《星期六评论》评论记者时，就曾在剧评里多次提到莎士比亚。

萧伯纳曾经表示：“我很喜欢，真挚地喜欢莎士比亚的戏剧。在弗·詹·弗尼瓦尔主持下的新莎士比亚学会的那些日子，是我一生经历中很值得纪念的日子。”

萧伯纳曾为莎士比亚的剧本的完完整整地上演而努力斗争，结果使莎士比亚的大约 30 部剧本都搬上了舞台。不过，萧伯纳坚持认为，莎士比亚的戏剧最重要的东西是音乐素质。他说过：

把这个观念灌进大众的脑海里是不容易的，因为莎士比亚的崇拜者在倾听他把词语和诗句说得那么令人销魂夺魄，那么令人难忘的时候，很少人感觉到他们是在听音乐。

而萧伯纳的朋友赫理斯却认为，萧伯纳对莎士比亚的看法存在着一些偏见，而世人也总是拿萧伯纳同莎士比亚来做比较。萧伯纳对此总是用他那幽默的语言尽量化解这些比较。

1949 年，萧伯纳出版了他的自传性小品文《自我素描十六篇》，这部作品集收入了他在不同时代完成的小品文。

其中包括萧伯纳对自己漫长的一生中生活与创作过程中的珍贵回忆，还有他与不同的传记记者展开的激烈的辩论，对一些传记记者对他的生活道路与创作思想的随意歪曲和恶意杜撰进行了有力的反驳。

萧伯纳说：“我这本集子，本身就是对那些传记记者的一种警告。”

佛兰克·赫理斯曾写出一部《萧伯纳传》，萧伯纳在这本书的译文中说道：

> 我亲爱的佛兰克，你向我提出 6 个问题，说待我一一回答之后，就可以构成一本书，你真是一个了不起的人物。而且你还说要授予我一个灵魂，难道你不知道像我和莎士比亚这种人是没有灵魂的吗？
>
> 你要把我写成什么东西，就连上帝也不知道。你一点也不知道我是哪一种动物，假使我有工夫的话，我要把我的生平事迹告诉你。
>
> 有一家美国书店在广告上大肆宣传，说你写的传记获得我的特许，还说书中附了我一篇长达 15000 字的文章。我已经写信告诉他们说，除了亨德森的《萧伯纳传》之外，我的传记没有一本是获得我的特许的；你写的那一本尤其不能得到我的同意。
>
> 如果你发表我的片言只字，我就要让你吃官司。我不想代你著书。你怎样写你自己的书，这是我所关心的事，也是

与你的名望有关的事。

我已经让你看过我的一些自传材料，这些东西我打算将来自己写出来发表；因为如果你坚持要写我的传记，那么你也该知道你写的是什么东西；但是你必须用你自己的方法讲故事，不要用我的方法。

随便哪一个傻瓜也可以出版书籍，如果他能使书店老板相信那本书是我写的；书店老板更可以用这种名义推销那本书。你的书店老板必须收回那些宣称我写了15000字和出版一部特许传记的广告。

既然你的确未曾读过我的作品的3%，你就应当用你那犀利的文笔把主人公作为人来描绘，而不是作为作家来描绘。而且，那本书应当是一篇关于我们这个时代的论文，包含各种各样的人物的素描。那是你能做到的工作。

赫理斯写完萧伯纳的传记最后一章时，还没等出版，就于1931年8月26日病逝了，而将应该给出版社校对的校样留给了萧伯纳。

对此，萧伯纳苦笑着说："我一生做过许多不得不做的古怪工作，但这次的工作可以算是最古怪的了。"

而在佛兰克·赫理斯写的这本《萧伯纳传》的跋中，萧伯纳又写道：

在这本书里，他始终把主人公作为肖像来描写，而没有采用传记的方式。传记是通过详细的研究和谨慎的论证去取得极其准确的成果的；他并没有做到这一点。

现在我只需说明我把这部书校订到什么程度，使之有出版的可能。佛兰克对我一生的事迹知道得很少，而且，他不耐烦做调查研究之类的非常单调无味的工作，甚至也不愿费

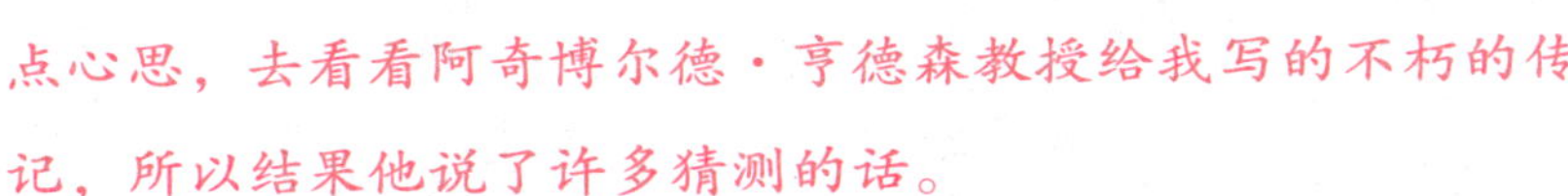

点心思，去看看阿奇博尔德·亨德森教授给我写的不朽的传记，所以结果他说了许多猜测的话。

他的猜测往往不很准确，有一些和事实相差很远。甚至当他直接向我要到材料时，他还不愿放弃那些和材料互相矛盾的猜测，仍然让事实和想象中的猜测同时并存，使它们轮流出现于传记里，因此发生许多显而易见的矛盾。

我只是根据事实进行了补充和纠正，把客观方面的矛盾都删掉，使作家将来参考这部传记时不致误入歧途。但是，我没有试图纠正作者主观方面的矛盾，哪怕这些矛盾是由于他把正确的材料和猜测的虚构搞乱了而产生的。有许多这一类的矛盾和不一致的情况是由于他在著作过程中心情变幻不定所造成的，但这也无关大局。

如果作家规定出一条僵硬的单一的评价标准，而迫使其他一切事物向它看齐，那么，这种作品是最不自然的，在传记文学上也是最没有价值的了。这正和一匹马在奔驰的一刹那间给照相机抓取到的镜头一样。当我看到作者在本传记中的评论有一两处是源于荒谬的传说，不能不删掉时，我只略加变动，使文章首尾连贯。

书中一切评论和嘲笑的话，一时坏脾气的爆发，以及谴责我的话，我毕恭毕敬地予以保留，我曾经小心谨慎地不使全书因为几处必要的改正而受到损失。

然而，对于佛兰克·赫理斯在书中冤枉了自己的地方，我却无法加以纠正。

就这样，萧伯纳把那本“本人不完全赞同”的传记整理出版了。但在他看来，所有传记都充斥着谎言，而且是深思熟虑的谎言。他认为：

没有一个人会坏到或者好到能在生前说出关于他自己的真话的地步。我赞同这样一种广泛流传的看法，活着的人的传记只有在他死后才能完成。

1943年，萧伯纳87岁的时候，夫人夏绿蒂在赫特福郡圣劳伦斯郊外的家中病逝，享年86岁。

虽然夏绿蒂才貌出众，又是萧伯纳的得力助手，但是她却不喜欢抛头露面，而愿意退居幕后，默默地奉献。她不愿意在大庭广众面前、在公共场合接受采访，也不愿意让摄影记者为她拍照，她更喜欢待在自己安静的寓所里过舒心的日子。萧伯纳所热衷的集会和演讲，她都很少参加。

可以说，萧伯纳的婚姻虽然没有子女，但他直至老年也并不孤独，因为他与夫人互相关怀体贴，相依为命，过着悠闲清静的日子。

由于他们没有子女，两人有着丰厚的财产，萧伯纳的收入是同时期其他文人望尘莫及的，而夏绿蒂本就是富家之女，两个人本来可以过非常奢侈、享乐的生活。

但是，萧伯纳却从没有停止创作的步伐，满足已有的成就，他一直醉心于戏剧创作以及其他一些社会活动，他曾经说过：

我忙得不可开交，来不及享受花钱的乐趣，我现在的钱超过我生活的需要，而我过去什么钱也没有；对我来说，在享受人生的乐趣方面，有钱和没钱的差别是微乎其微的。

在我这样一种人看来，金钱就是安全和免除小苛政的工具：假使社会能给我这两件东西，我就要将我的钱抛到窗外去，因为保留金钱是很麻烦的事情，而且又会吸引寄生虫，并且会招来人们的嫉恨。

萧伯纳虽然对文艺创作和社会政治活动都有着非同一般的热情，但这并不妨害家庭在他心目中的地位。他把家庭看得比什么都重要，不管发生什么事，他都不会让夏绿蒂等候10分钟。他格外地珍视他们两个人的这个家庭，爱护他的妻子，甚至有时候他无法想象失去她自己将会成什么样子。

萧伯纳鄙视那些以生育作为目的的婚姻，而认为男女双方的结合需要是伴侣和友谊。他和夏绿蒂就是这样才走到一起，做了40多年的夫妻和“伴侣”。

而夏绿蒂也与萧伯纳的看法不约而同。因此两人才在长期的共同生活中，一直志趣相投，感情甚笃，日子过得很舒心。尤其是萧伯纳老年以后，父母和姊妹们早已不在人世，最好的几个朋友也相继作古，他要参加的社会活动也逐渐减少，这时夫人就成了他须臾不可分离的伴侣，两人一同栽花种草，一同外出旅行，成了让人羡慕的长寿夫妻。

夏绿蒂还编过一本《萧伯纳作品集》，其中有些东西是在萧伯纳的其他出版物中找不到的。有这么一位道德和文化修养都很高的妻子，再加上萧伯纳自己的才华与胆识，他的成功是注定的和必然的。

夏绿蒂去世后，萧伯纳失去了这样一位好妻子，对他的影响是巨大的，此后人们看到的只是一位老人瘦削、孤独的身影，他所剩下的唯一的排遣寂寞的方式就只能是戏剧创作了。

在萧伯纳一生的最后几年，他几乎过起了半隐居的生活，一直深居简出，过着严格的有规律的生活，但是剧本创作却一直没有中断。同时，他的生活很有规律，不喝酒，不吸烟，并且是一个素食主义者。

素食主义者以谷麦、蔬菜、蛋奶为食，不吃肉，有的素食者因为宗教原因才吃素的，而萧伯纳的原因与他个人的经历和对待生活的态度有关。

萧伯纳从小就喜欢吃蔬菜，刚到伦敦以后，家境一直比较窘迫，过了十来年节衣缩食的苦日子。家贫多吃菜，家里很少吃肉，萧伯纳就干脆不吃肉了，成为地道的素食者。

有一次，萧伯纳收到赫理斯的一封信，请他去伦敦皇家餐馆共进午餐，并讨论一些重要的事情。萧伯纳一直把到高级餐馆进餐看成是一种奢侈的行为，但赫理斯是老朋友了，他只好戴上黑礼帽赴宴了。

等萧伯纳赶到皇家餐馆，赫理斯和弗雷德里克早就在那里等着他了，一见到萧伯纳他们就高兴地打招呼："我们早就被这儿的香味俘虏了，你再不来我们就忍不住了。"

萧伯纳微笑着落座，对这两个已经馋涎欲滴的伙伴挤了挤那双快活的眼睛："那就快点菜吧，免得你们把自己的舌头给吃了。"

赫理斯和弗雷德里克每人点了一块香喷喷的上等牛排，一大块涂满了奶油的干酪，还点了一大杯甜酒。而萧伯纳却只点了一盘通心面，一杯矿泉水。只见他三下五除二，很快就吃了个盘底朝天。然后，萧伯纳满足地往椅背上一靠，看着两个朋友津津有味地享受着牛排、干酪和甜酒。

在萧伯纳这种"监视"之下，赫理斯和弗雷德里克就感觉像被法官盯住的犯人一样，而萧伯纳抓在手里的黑帽子，也似乎变成了法官宣判时戴的帽子。

当他们在"法官"的目光下消灭了各自的牛排、干酪和甜酒之后，其实肚里还想再要一块小牛排，但面对着萧伯纳的眈眈虎视，他们都心里有些惶恐不安，谁也张不开口了。

赫理斯就设法让弗雷德里克先开口要小牛排，但弗雷德里克也千方百计迫使赫理斯先开口，结果两个人竟然差一点吵起来。

最后，其中一个作了让步，先低声说："如果你希望再来一份腰肉排，我可以奉陪。"

萧伯纳其实一直批评赫理斯和弗雷德里克吃肉、喝酒太多，造成体内营养不均衡，总是不厌其烦地劝导他们要多吃蔬菜，少贪那些所谓的美食，多锻炼身体。

但这两个人已经“不可救药”了，他们却有时反过来劝他：“干吗要素食呢？天下这么多美味的食品，不吃太可惜了。”

萧伯纳冷冷地瞥了他们一眼说：“哼，你以为我会去嚼那些动物的尸体吗？”

其实，最主要的原因，还在于萧伯纳对生活的态度，他对物质生活的要求非常低，一点可口的通心面就足以使他心满意足；一套衣服可以非常爱惜地穿上许多年，一生都过着非常简朴的生活。

萧伯纳一生酷爱体育锻炼，常年坚持户外活动，游泳、跑步、骑自行车、洗冷水浴，身体还算硬朗。而且他也很会保养自己，注意劳逸结合，在文学创作之余，他还在自己住宅的花园里栽花整枝，在树荫下悠闲独坐。

1950 年，94 岁高龄的萧伯纳又开始创作他的一部新剧《为什么她不愿意》。

10 月的一天，萧伯纳在自己的花园里劳动，修剪树枝，不幸从树上摔了下来，造成大腿骨折，动了手术后就回家疗养，从此卧床不起。起初，萧伯纳并没有太在意，但不久却又患上了急性肾炎。

1950 年 11 月 2 日凌晨，萧伯纳溘然病逝。

萧伯纳逝世的当天晚上，全世界的剧院停止演出，舞台灯光全部熄灭，对这位现代戏剧大师表示沉痛哀悼。

萧伯纳一生没有子女。他在遗嘱中指定：将遗产 36.7 万英镑的一部分作为制订英国语言改革计划的基金，而遗产的大部分，则赠予爱尔兰国家美术馆、大英博物馆和皇家戏剧艺术研究院。

萧伯纳毕生创造幽默，他的墓志铭虽只有一句话，但恰巧体现了他的风格：“我早就知道无论我活多久，这种事情迟早总会发生的。”

萧伯纳虽然逝去了，但他的剧作在舞台上、银幕上和广播中一直广为流传，剧中的人物和场面依然使人感到十分新鲜，对白仍是那样耐人寻味，始终能紧紧抓住观众。

有剧评家评论说：

无情的时间在这个将一生都献给了文学创作的戏剧家身上，遇到了一个强有力的对手，时间磨去的仅是瑕疵，闪烁于萧伯纳剧本中的真知灼见反而更加晶莹灿烂，他那支磨砺了将近80个年头的生花妙笔为世人留下了永久的精神财富。

萧伯纳的出现，使过去100多年英国戏剧不振的局面根本改观，他成为莎士比亚以来英国最著名的戏剧大师。

附　录

所谓天才人物指的就是具有毅力的人、勤奋的人、入迷的人和忘我的人。

——萧伯纳

经典故事

绳子与胖子

著名的剧作家萧伯纳个子长得很高，可瘦削得似一片芦苇叶，而切斯特顿既高大又壮实。他们两人站在一起对比特别鲜明。

有一次，萧伯纳想拿切斯特顿的肥胖开玩笑，便对他说："要是我有你那么胖，我就会去上吊。"

切斯特顿笑了笑说："要是我想去上吊，准用你做上吊的绳子。"

小姑娘娜塔莎

有一次，萧伯纳从苏联访问回来，他对朋友们谈了这次访问的感想。他说："有一天我在街头遇见一个苏联小姑娘，那小姑娘聪明活泼，逗人喜爱，便同她玩了很久，临别的时候，我对她说：'你回去告诉你妈妈，就说今天同你玩的是世界著名的作家萧伯纳。'而小姑娘听了我的话，竟然学着我的口吻说：'你回去也告诉你妈妈，就说今天同你玩的是苏联小姑娘娜塔莎。'"

朋友们听了，都禁不住大笑起来。

"一个人不论有多大的成就，对任何人都应该平等相待，要永远谦虚。"萧伯纳深有感触地说。

劣性遗传

大作家萧伯纳年轻的时候，便名声大噪了。美国著名舞蹈家邓肯有一次写信给他，说："假如我们两个结婚，生下的孩子头脑像你，面孔像我，该有多好哟。"

萧伯纳接到信，笑了笑，一本正经地给她回了一封信，其中一段是这样写的："要是生的孩子，头脑像你，而面孔像我，那岂不是糟透了！"

捐赠

美国妇女和平行动委员会曾写信给萧伯纳，请他为筹款义卖捐赠一本亲笔签名的书。萧伯纳回信拒绝说："我认为这种该由联合国进行的事业，对于你们小小的妇女行动委员会来说真是太大了。"

结果，委员会竟然拍卖了这封信，得到了170美元；而当时一本萧伯纳亲笔签名的书只售70美元。

皮鞋油商标

有一次，一个皮鞋油制造厂的老板要求萧伯纳允许该厂用他的名字作为一种新品种的皮鞋油的商标。老板对萧伯纳大大地恭维了一番之后说："这样一来，世界上千百万人都会知道您的大名了。"

萧伯纳立刻回答道："但是没有穿皮鞋的人可例外哪！"

征询狗的意见

萧伯纳有一天接到一位小姑娘写给他的一封信，信中说："您是一位最使我敬佩的作家。为了表示对您的热爱，我打算用您的名字来命名我的小狮子狗。不知您的意见如何？"

萧伯纳回信说："亲爱的孩子，我十分赞同你诚恳的希望。但是，最主要的一点是，你一定要和你的小狮子狗商量商量，并征得它的同意才是。"

巧对奚落

有一次，瘦削的萧伯纳遇到一位大腹便便的商人。商人想借机奚落他，便说："人们看见你，就知道世界上现在正在闹饥荒。"

萧伯纳不慌不忙地予以回击，说："人们看见你，就知道闹饥荒的原因了。"

虽然他只是在别人的原话里加上几个字，但经过这样的改动之后，谁都能读出话中对商人唯利是图、为富不仁、奸诈狡猾的无情揭露与针砭意味。这样的"妙答"真是大快人心。

又有一次，有一个资本家想在众人面前羞辱萧伯纳。他大声宣告说："人们说，伟大的戏剧家都是白痴。"

萧伯纳笑着说道："先生，我看此时此刻你就是最伟大的戏剧家。"

想羞辱别人反而自取其辱，这个人脸都气绿了。

劳动和运动

在一次宴会上，萧伯纳恰好与某纺织厂经理的太太并坐。"亲爱

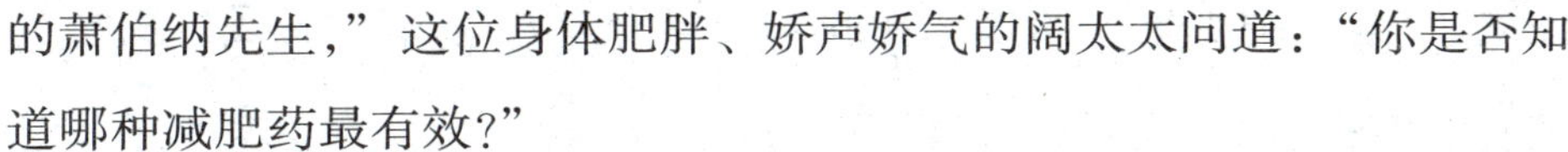

的萧伯纳先生，”这位身体肥胖、娇声娇气的阔太太问道：“你是否知道哪种减肥药最有效？”

萧伯纳注视了一下这位邻座，装出一副正经的神态，用手持着长须答道：“我倒是知道有一种药，但是，遗憾的是我无论如何也翻译不出这个药名，因为劳动和运动这两个词，对您来说是地道的外国字。”

越来越年轻的雕像

萧伯纳崭露头角以后，法国著名雕刻艺术大师法朗索瓦·奥古斯特·罗丹曾为他塑过一次雕像。

几十年后的一天，萧伯纳把这尊雕像拿出来给朋友看，并说：“这件雕像有一点非常有趣，就是随着时间的推移，它变得越来越年轻了。”

肇事者的遗憾

有一次，萧伯纳在街上行走，被一个冒失鬼骑车撞倒在地上，幸好没有什么大碍。

肇事者急忙将萧伯纳扶起，并连声道歉。

萧伯纳望望肇事者，拍拍屁股诙谐地说：“你的运气真不好，先生，如果你把我萧伯纳撞死了，就可以名扬四海了。”

肇事者见萧伯纳被撞了，还这样幽默，也不禁笑了。

不值一块钱

有一次，萧伯纳正坐在沙发上沉思，坐在他旁边的美国金融家对他说："萧伯纳先生，如果您让我知道您正在思考什么的话，我愿意给您一美元。"

"啊！我的思考一美元也不值。"

戏剧家回答道："我所思考的正是您！"

妇人问年龄

一位年过半百的贵妇问萧伯纳："您看我有多大年纪？"

"看您晶莹的牙齿，像 18 岁；看您蓬松的卷发，有 19 岁；看您扭捏的腰肢，顶多 14 岁。"萧伯纳一本正经地说。

贵妇人高兴得跳了起来："您能否准确地说出我的年龄？"

"请把我刚才说的 3 个数字加起来！"

候客

有一天，萧伯纳收到一个有钱的女人寄来的大红请帖："我将在星期二 16 时至 18 时在舍下恭候。"

萧伯纳退回原帖，并在上面写道："萧伯纳先生在同日同时在家恭候。"

慈善事业

一天，萧伯纳应邀参加一个慈善团体的舞会。会上，他邀请一位身份平常的慈善团体女成员跳舞。这个女子不好意思地说："您怎么和我这样一个平凡的人跳舞呢？"

萧伯纳回答："这不是一件慈善事业吗？"

文豪与出版商

一个英国出版商想得到大文豪萧伯纳对他的赞誉，借以抬高自己的身价。他想：要得到萧伯纳的赞誉必须先赞誉萧伯纳。于是，他去拜访萧伯纳。当他看到萧伯纳正在评论莎士比亚的作品时，就说："啊，先生，你又评论莎士比亚了。是的，从古到今，真正懂得莎士比亚的人太少了，算来算去，也只有两个。"

萧伯纳已明白了他的意思，想让他继续说下去。

"是的，只有两个人，这第一个自然是您萧伯纳先生了。可是，还有一个呢？您看他应该是谁？"

萧伯纳说："那当然是莎士比亚自己了。"

司机妙语

萧伯纳很喜欢自己驾驶汽车。一天，他一边开着汽车，一边和坐在旁边的司机谈起他新近构思的一个剧本来。突然，司机一句话也不说，就从兴致勃勃的萧伯纳手里夺过方向盘。

"您怎么啦？"事出突然，使萧伯纳感到惊讶。

"请原谅，"司机说，"你的剧本妙极了，我真不愿意让你在没写完之前就把命送掉。"

趣味不能相投

萧伯纳享誉世界后，美国电影巨头萨姆·高德温想从萧伯纳那儿把其戏剧的电影拍摄权买下来。他找到了萧伯纳："您的戏剧艺术价值很高，但我想如果能把它们搬上银幕，全世界都会被你的艺术所陶醉。”这位电影巨头表示了对艺术的珍爱。

萧伯纳很高兴他这样想，这样做。但到后来，他俩为了摄制权的价格无法达成协议，最后以萧伯纳拒绝出卖摄制权结束。萧伯纳说：“问题很简单，高德温先生，您只对艺术感兴趣，而我只对钱感兴趣。”

终于兑现了

一次，好友帕特里克·马奥尼与萧伯纳夫妇谈了许多问题，当他们谈到名人的爱憎纠葛时，马奥尼问萧伯纳夫人：“您是怎样与您丈夫那众多的女性爱慕者和平共处的？”

萧伯纳夫人没有直接回答，而是讲了一则逸事。她说：“在我们结婚以后不久，有一位女演员拼命追求我丈夫，她威胁说，假如见不到他，她就要自杀，她就会心碎。”

“那么，她有没有心碎而死？”

“确实如此，她死于心脏病。”

萧伯纳打断了谈话插进来说，“不过那是在50年以后。”

给我多少试验费

有一次，萧伯纳因脊椎骨有毛病需要从脚跟上截一块骨头来补脊椎的缺损。手术做完以后，医生想多捞点手术费，便说：“萧伯纳先生，这是我们从来没做过的新手术啊！”

萧伯纳笑道：“这好极了，请问你打算付我多少试验费呢？”

倒以为我死了

在萧伯纳70岁生日那天，英国许多报纸登了他的照片。

他看见后却说："我早晨起来，一见这报纸上有我的照片，倒以为我死了。"

妙退英王

萧伯纳成名之后，门庭若市，使他苦于应付。一天，英王乔治六世前去访问这位文豪。寒暄之后，出于兴趣爱好和文化修养的悬殊，两人很快就沉默无语了。

萧伯纳看英王还没有离去的举动，便慢慢从口袋里掏出怀表，然后一个劲儿地盯着表看，直到英王不得不告辞。

事后，有人问他喜不喜欢乔治六世，萧伯纳饶有风趣地微微一笑，答道："当然，在他告辞的时候，确实使我高兴了一下。"

无一不晓

有一天，萧伯纳应邀参加了一个丰盛的晚宴。席间有一青年在大文豪面前滔滔不绝地吹嘘自己的天才，好像自己天南海北样样通晓，大有不可一世的气概。

起初，萧伯纳缄口不言，洗耳恭听。后来，越听越觉得不是滋味。最后，他终于忍不住了，便开口说道："年轻的朋友，只要我们两人联合起来，世界上的事情就无一不晓了。"

那人惊愕地说："未必如此吧！"

萧伯纳说："怎么不是，你是这样地精通世界万物，不过，尚有一点欠缺，就是不知夸夸其谈会使丰盛的佳肴也变得淡而无味，而我刚好明了这一点，咱俩合起来，岂不是无一不晓了吗？"

不修边幅

一天晚上，萧伯纳穿着一件旧外套去看戏，在门口被人挡住了。

“干什么?”他不解地问。

那人指指他的旧外套。

“你不喜欢吗?”萧伯纳大声地说，说着脱掉外套，径直朝他的座位走去。

那人赶紧追上去：“站住，你不能这样走进去。”

萧伯纳十分生气地说：“你是不是要我再脱掉一件?”

让路

一次，萧伯纳正在一条狭窄的路上行走，遇到一个对他不满的同行，那人想侮辱他，对他说：“我是从不给傻瓜让路的。”

萧伯纳答道：“我正好相反。”

乐观与悲观

曾有一名记者问萧伯纳：“请问乐观主义者与悲观主义者的区别在何处?”

萧伯纳回答：“这很简单，假定桌上有一瓶只剩下一半的酒，看见这瓶酒的人如果说：‘太好了，还有一半。’这就是乐观主义者；如果有人对这瓶酒叹息：‘糟糕！只剩下一半。’那就是悲观主义者。”

年谱

1856 年 7 月 26 日，出生在爱尔兰都柏林一个小公务员家庭。从小爱好绘画和音乐。

1870 年，父母分居。同年，在都柏林美以美教会中学毕业，因家境困难，未能升学。

1871 年，在一家房地产公司当抄写员，后又担任会计。

1876 年，移居伦敦。

1879 年，完成第一部小说《未成熟》。

1880 年，完成第二部小说《不合理的结合》。

1881 年，完成第三部小说《艺术家的爱情》。

1884 年，改良主义的费边社成立，萧伯纳参加该社。

1892 年，发表第一个剧本《鳏夫的房产》。

1893 年，发表关于妇女问题的剧本《好逑者》。

1894 年，发表《华伦夫人的职业》一剧，揭露道貌岸然的绅士淑女原来是榨取妓女血泪钱的院主。同年，编成第一个戏剧集《不愉快的戏剧集》。

1895 年，写成《风云人物》一剧，揭露资产阶级的伪善面目。

1896 年，写成《难于预料》一剧，触及资产阶级家庭的瓦解问题。

1897 年，组成第二本戏剧集《愉快的戏剧集》。

1900 年，发表《布拉斯庞德上尉的转变》。并组成第三本戏剧集《为清教徒写的三剧本集》，表达了作者对帝国主义侵略行为的愤慨。

1903 年，发表阐述自然哲学思想的第一部作品《人与超人——

喜剧与哲学》。

1905 年，在英国工人运动高涨及俄国 1905 年革命的影响下，发表了剧本《巴巴拉少校》。此剧表现信仰“金钱和炸药”的军火商安德谢夫和女儿巴巴拉之间的冲突。

1907 年，发表历史剧《恺撒和克莉奥佩特拉》。

1908 年，发表关于家庭和婚姻问题的剧本《结婚》。

1910 年，发表《贵贱联姻》《芳妮的第一个剧本》。

1914 年，发表论文《战争常识谈》，表明自己对战争的观点。

1917 年，写出表现第一次世界大战前夕英国知识分子绝望情绪的剧本《伤心之家》。十月革命爆发，萧伯纳是西欧最早同情和拥护这一革命的进步知识分子代表人物之一。

1921 年，变种的生物戏剧《回到马修斯拉时代》发表。同年，在英国共产党理论刊物《劳运月刊》的创刊号上，发表了论文《无产阶级专政》。

1925 年，获得诺贝尔文学奖。

1931 年，访问苏联，在莫斯科度过 75 岁生日。高尔基写信向他祝贺。回国后，萧伯纳发表演说撰写文章，赞扬苏联人民的卓越成就，并多次公开声称未来的世界属于东方。

1933 年，访问中国。2 月 17 日到上海，与宋庆龄、蔡元培、鲁迅等会面。同年，发表最后一部小说《黑女求神记》。

1936 年，发表剧作《意外岛上的傻子》《女百万富翁》《日内瓦》《好国王查理第二治下的黄金时代》。

1944 年，政论书籍《大众政治指南》发表。

1950 年 11 月 2 日，因病去世。享年 94 岁。

名 言

- 多思、寡言、少写。

- 成功网罗着大量的过失。

- 自我控制是最强者的本能。

- 劳动是唯一导向知识的道路。

- 好书读得越多越让人感到无知。

- 愚人总会发现有更愚的人钦佩他。

- 不要企图永远活下去，你不会成功的。

- 知识不存在的地方，愚蠢便自命为科学。

- 我生下来时很聪明的，教育把我给毁了。

- 你应该小心一切假知识，它比无知更危险。

● 许多伟大的真理开始的时候都被认为是亵渎行为。

● 人生有两出悲剧：一是万念俱灰；另一是踌躇满志。

● 有自信心的人，可以化渺小为伟大，化平庸为神奇。

● 不要为成功而努力，要为做一个有价值的人而努力。

● 人生的真正欢乐是致力于一个自己认为是伟大的目标。

● 历史给我们的最大教训是：人们很少从历史中吸取教训。

● 人生苦闷有二：一是欲望没有被满足；二是它得到了满足。

● 流行的就一定高尚吗，那流行性感冒应该也是很高尚的哟？

● 说谎者的代价，不是别人不再相信他，而是他再不相信任何人。

● 一个尝试错误的人生不但比无所事事的人生更荣耀，并且有意义。

● 理智的人使自己适应这个世界；不理智的人却硬要世界适应自己。

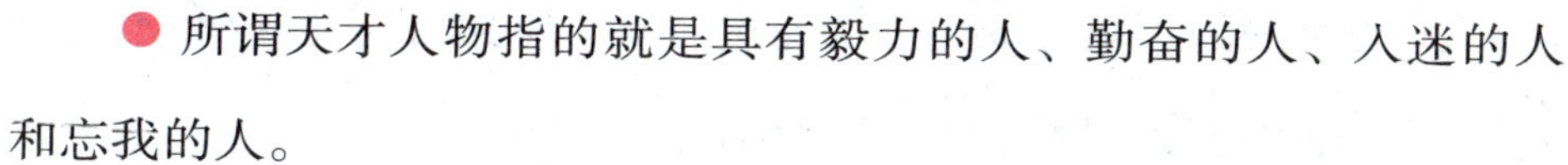

● 所谓天才人物指的就是具有毅力的人、勤奋的人、入迷的人和忘我的人。

● 每个成功的男人后面都有一个女人；每个不成功的男人后面都有两个女人。

● 完美无缺苦练来……但没有一个人是完美无缺的……所以干吗要苦练呢？

● 由于光速比音速快，所以在我们听到人们开口之前，个个都显得很聪明。

● 科学始终是不公道的。如果它不提出10个问题，也就永远不能解决一个问题。

● 我年轻时注意到，我每做10件事有9件不成功，于是我就10倍地去努力做下去。

● 有人说我们来到这个世上就是要帮助别人的，倘若此话非虚，那么请问，别人来到这个世界又是干什么的？

● 成功是一个相对的概念，就看你怎么看，无怪乎成功人士大家都拿他当自家亲戚看。

● 如果我们不能建筑幸福的生活，我们就没有任何权利享受幸福，这正和没有创造财富无权享受财富一样。

● 人生不是一支短短的蜡烛，而是一支由我们暂时拿着的火炬，我们一定要把它燃得十分光明灿烂，然后交给下一代的人们。

● 有些人只看见已经发生的事情，并且问为什么会这样。我则常常梦想一些从未发生的事情，然后追问为什么不能这样。

● 恐怕你们不常想吧。在一年中想两三次的人已经不多。我每星期总想一两次，所以名闻天下。

● 躯体总是以惹人厌烦告终。除思想以外，没有什么优美和有意思的东西留下来，因为思想就是生命。

● 所谓爱国心，是指你身为这个国家的国民，对于这个国家，应当比对其他一切的国家感情更深厚。

● 我的生命属于整个社会；在我有生之年，尽我力所能及为整个社会工作，这就是我的特殊的荣幸。

● 你有一个苹果，我有一个苹果，我们交换一下，一人还是一个苹果；你有一个思想，我有一个思想，我们交换一下，一人就有两个思想。

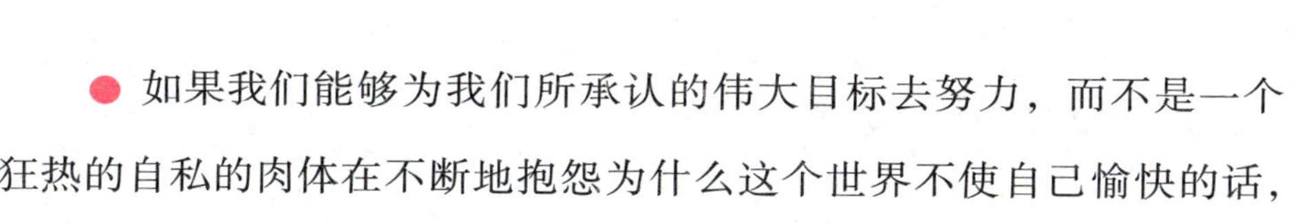

● 如果我们能够为我们所承认的伟大目标去努力，而不是一个狂热的自私的肉体在不断地抱怨为什么这个世界不使自己愉快的话，那才是真正的乐趣啊！

● 对我来说，在享受人生的乐趣方面，有钱和没钱的差别是微乎其微的。在我这一种人看来，金钱就是安全和避免小苛政的工具：假使社会能给予我这两件东西，我就要将我的钱抛到窗外去，因为保管金钱是很麻烦的事情，而且又吸引寄生虫，并且招来人们的嫉恨。

图书在版编目(CIP)数据

萧伯纳 / 唐容编著. --北京:中国社会出版社, 2012.6
(2022.6 重印)
(世界名人非常之路)
ISBN 978 - 7 - 5087 - 4051 - 5

Ⅰ. ①萧... Ⅱ. ①唐... Ⅲ. ①萧伯纳, B. G. (1856 ~ 1950) - 生平事迹 Ⅳ. ①K835.615.6

中国版本图书馆 CIP 数据核字(2012)第 100836 号

出 版 人: 浦善新
策划编辑: 侯 钰
责任编辑: 侯 钰
封面设计: 张 莉

出版发行: 中国社会出版社
地 址: 北京市西城区二龙路甲 33 号
邮政编码: 100032
编 辑 部: (010)58124867
网 址: shcbs. mca. gov. cn
发 行 部: (010)58124866
经 销: 各地新华书店

印刷装订: 北京华创印务有限公司
开 本: 170mm × 240mm 1/16
印 张: 13
字 数: 200 千字
版 次: 2012 年 6 月第 1 版
印 次: 2022 年 6 月第 4 次印刷
定 价: 49.80 元

中国社会出版社微信公众号

中国社会出版社天猫旗舰店